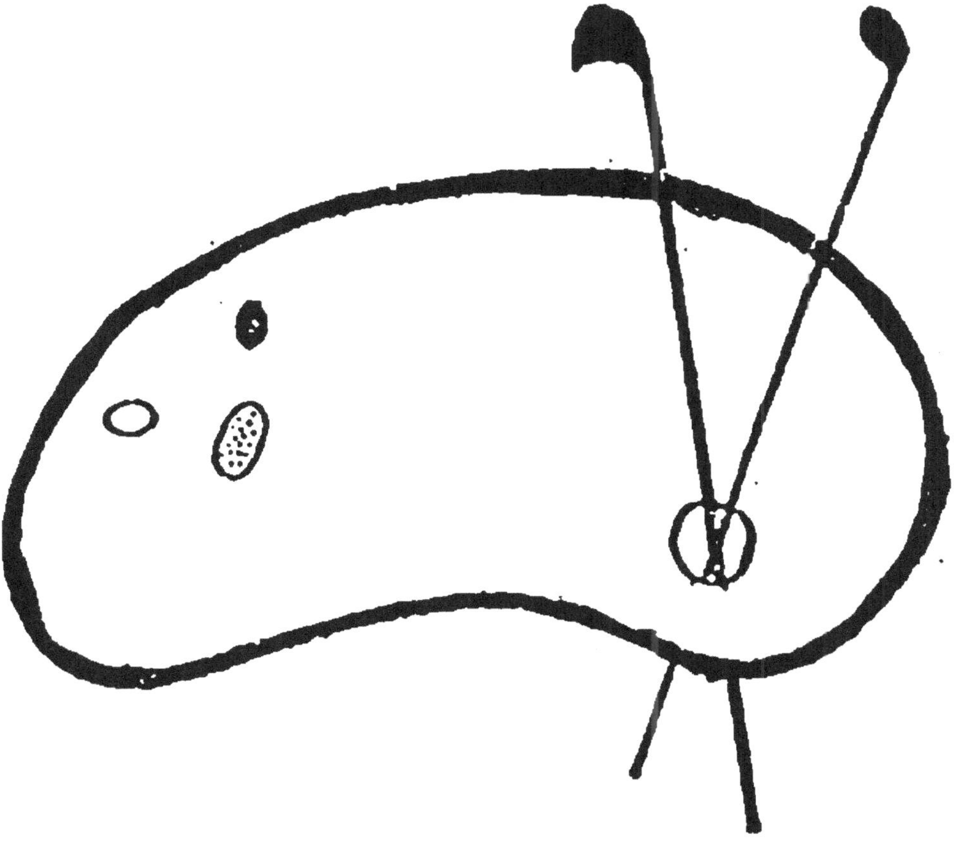

DEBUT D'UNE SERIE DE DOCUMENTS
EN COULEUR

LES QUESTIONS SOCIALES

LA
RÉFORME PÉNITENTIAIRE

PAR

Léopold CHASSINAT

Extrait de la Revue critique de Législation et de Jurisprudence.
Édition entièrement refondue et notablement augmentée.

PARIS

A. COTILLON & Cie, IMPRIMEURS-ÉDITEURS,
Libraires du Conseil d'État et de la Société de législation comparée,
24, RUE SOUFFLOT, 24

1882

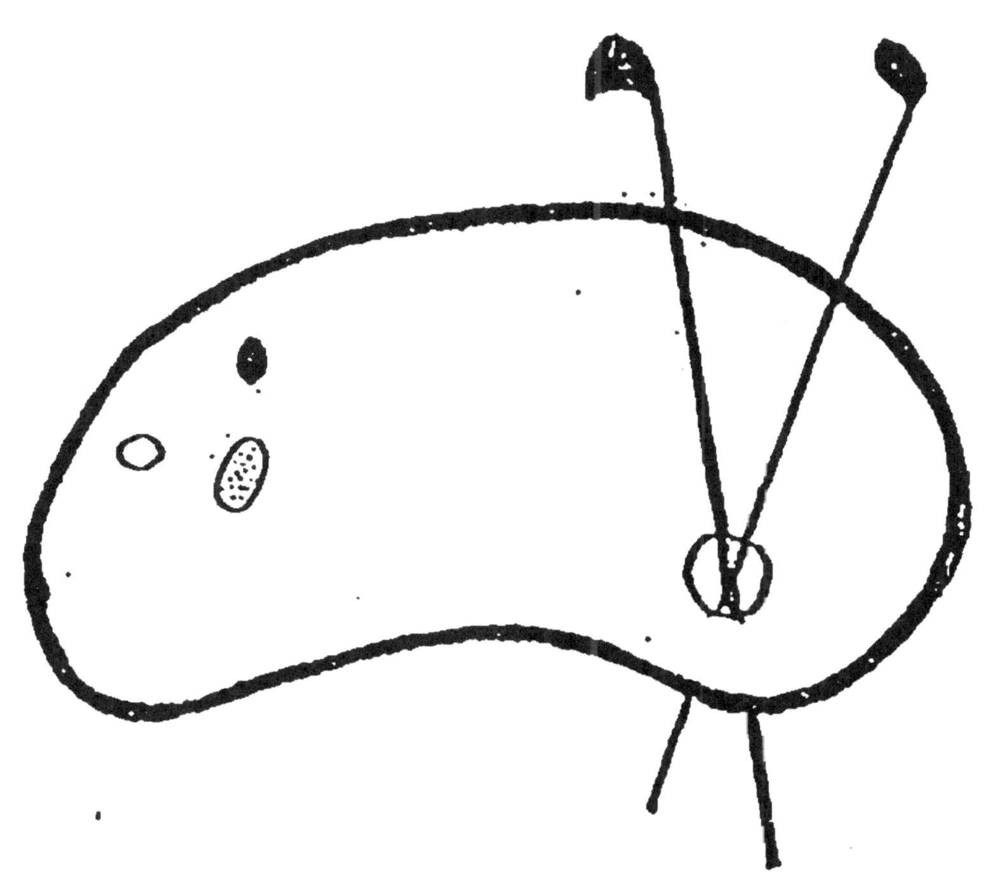

FIN D'UNE SERIE DE DOCUMENTS
EN COULEUR

LA
RÉFORME PÉNITENTIAIRE

LES QUESTIONS SOCIALES

LA
RÉFORME PÉNITENTIAIRE

PAR

Léopold CHASSINAT

Extrait de la REVUE CRITIQUE DE LÉGISLATION ET DE JURISPRUDENCE.
Édition entièrement refondue et notablement augmentée.

PARIS

A. COTILLON & Cie, IMPRIMEURS-ÉDITEURS,
Libraires du Conseil d'État et de la Société de législation comparée,
24, RUE SOUFFLOT, 24

1882

DE LA RÉFORME PÉNITENTIAIRE

Que les lois pénales laissent à
tous les condamnés au moins
la liberté comme au bagne.

INTRODUCTION.

Au moment où les questions de réforme pénitentiaire semblent préoccuper sérieusement l'opinion, et se trouvent en quelque sorte à l'ordre du jour, nous avons pensé qu'il pourrait y avoir quelque intérêt à publier, au point de vue des lois françaises, comme un résumé des projets de réforme pénale maintenant en discussion. Des documents qui ne se trouvent qu'aux archives des ministères ou entre les mains des spécialistes et que nous avons eu l'occasion de consulter nous ont permis d'étudier la question avec les données précises de la statistique. Il y a plus de douze ans que notre opinion est faite à cet égard; à diverses reprises, nous avons essayé de vulgariser des idées de réformes, qui nous paraissaient évidemment nécessaires, mais l'attention du législateur ne s'était pas définitivement arrêtée sur ces questions, qui ne semblaient pas encore mûres pour la discussion pratique.

Il est permis de penser que bientôt des réformes complètes et non plus seulement de détail vont être faites à cet égard; déjà un projet de loi sur les *récidivistes* vient d'être présenté aux Chambres par le Gouvernement. Il nous a semblé que le moment était enfin venu de traiter utilement peut-être un sujet que nous avons souvent entendu discuter par des hommes compétents; nous pourrions citer M. Raoul Chassinat, ancien chirurgien du ministère de l'Intérieur, qui fut chargé de dresser des tables de mor-

1

talité comparée dans les bagnes et les maisons centrales [1], et qui a eu l'honneur de formuler, en France, les premières règles générales de statistique à cet égard. Toutefois, l'étude critique que nous avons entreprise nous étant tout-à-fait personnelle, surtout en ce qui concerne les réformes pénitentiaires, nous ne voudrions, à cet égard, engager d'autre responsabilité que la nôtre.

CHAPITRE PREMIER.

ÉTAT DE NOTRE LÉGISLATION PÉNALE AU POINT DE VUE DES MOYENS DE RÉPRESSION.

Il y a peu de lois qui ne soient perfectibles, et il ne semble pas que le législateur puisse sur une question quelconque arrêter irrévocablement ses recherches et dire : telle loi est absoluement bonne, elle est l'expression exacte de la vérité. Nos lois pénales mériteraient peu, surtout, une telle appréciation. L'opinion semble fixée à cet égard, et il est permis de croire qu'il serait temps sans doute, que le législateur se décidât à faire la révision, et comme une refonte générale des lois pénales françaises *en ce qui concerne le mode de répression.* En effet le but que se proposent le législateur et le juge, en ces matières, est nécessairement et avant tout la proportionnalité de la peine à la gravité de l'acte punissable. Or, les données de la statistique prouvent, jusqu'à l'évidence, que, dans la plupart des cas, *avec la nature des peines* appliquées maintenant en France, la peine de mort exceptée bien entendu, *plus le crime est grand et moins la répression est en rapport avec la culpabilité, qu'il est dans beaucoup de cas fort difficile de proportionner la répression au délit ou au crime, lorsque la condamnation doit être subie sous forme d'emprisonnement, qu'enfin les fautes les plus graves étant proportionnellement les moins punies, la loi crée, en réalité, et bien sans le vouloir, comme une prime d'encouragement à l'aggravation du crime,* ce qu'il est facile de démontrer.

[1] V. Raoul Chassinat, *Etude sur la mortalité dans les bagnes et les maisons centrales,* etc. Paris, Paul Dupont, imprimeur-éditeur.

Il est évident que de différentes peines, étant donné les mêmes conditions de durée, d'âge, de sexe, de profession, etc., pour les condamnés... enfin toutes choses égales d'ailleurs, la peine la moins grave est celle, qui entraîne la mortalité la plus faible parmi ceux qui y sont soumis ; la peine, qui tue le plus vite, est nécessairement la plus forte. On devrait dès lors supposer que cette dernière nature de peine se trouve réservée aux plus grands coupables : c'est précisément le contraire, qui a lieu le plus souvent. La peine des travaux forcés, telle qu'elle est appliquée maintenant, est, *à égalité de durée*, la plus douce de toutes les peines édictées par le Code, par cette raison décisive, qu'elle tue le condamné moins vite que les autres. Les tables de mortalité comparée entre le bagne et les maisons centrales en fournissent la preuve évidente. Au surplus, en ces matières comme en toute chose, le vieil adage, « *Experto crede Roberto* », a bien sa valeur, et peut trouver place à côté des meilleures raisons théoriques. Or, ceux qui ont subi les peines de la réclusion et des travaux forcés, et qui ont pu *par expérience* faire la comparaison entre ces diverses pénalités, déclarent qu'ils préfèrent de beaucoup la peine des travaux forcés. Les preuves abondent à ce point de vue, et nous avons personnellement entendu un avocat d'assises, maintenant sénateur de la Haute-Vienne, qui déclarait avoir rencontré plusieurs fois des criminels lui disant : « *Ne nous défendez pas trop bien, nous voulons aller à la Nouvelle* » (à la Nouvelle-Calédonie, au bagne).

Des condamnés à la réclusion ont été jusqu'à commettre des crimes pendant la durée de leur emprisonnement, dans l'espérance d'être condamnés aux travaux forcés, jugeant cette peine plus douce, que le régime pénitentiaire, auquel ils étaient soumis ; ce fait s'est même produit assez fréquemment pour que le ministre de l'Intérieur ait prescrit, dans ce cas spécial de retenir et d'isoler dans les maisons centrales les individus condamnés aux travaux forcés, pendant le cours de leur détention [1].

Enfin il est constaté qu'au bagne, c'est-à-dire, maintenant à la Nouvelle-Calédonie, les maladies des condamnés sont sensiblement les mêmes que celles observées chez les colons libres et ne

[1] Circulaire du ministre de l'Intérieur du 23 juillet 1853.

présentent pas de caractères morbides *spéciaux, résultant du mode d'application de la peine;* que la moyenne de la mortalité diffère très peu de celle observée dans les anciens bagnes de Brest, Rochefort et Toulon, et est en tout cas de beaucoup inférieure à la moyenne des décès dans les maisons centrales, de force et de correction.

Au contraire dans les prisons, quel que soit le système adopté de vie en commun, ou de séparation plus ou moins complète, les maladies présentent toutes un caractère intensif particulier. — Certaines maladies même sont en quelque sorte spéciales aux prisons et ne se rencontrent habituellement que là, (la phthisie pulmonaire aiguë par exemple). De la stricte observation des faits il résulte donc que la peine des travaux forcés tuant beaucoup moins vite et moins fréquemment, qu'une peine d'emprisonnement quelconque est, dans l'état actuel de la législation, la pénalité *effectivement* la plus douce parmi toutes celles édictées par le Code.

Non seulement la peine la moins sévère se trouve maintenant réservée aux actes punissables les plus graves, non seulement la proportionnalité au point de vue de la nature de la peine se trouve donc comme renversée, mais même, si l'on considère la peine de l'emprisonnement en elle-même, abstraction faite de tout autre, on reconnaît qu'il est fort difficile en pratique de proportionner équitablement cette peine à l'acte punissable. En effet, il résulte des données les plus précises de la statistique que, dans les prisons, *les chances de mort ne croissent pas exactement en proportion de la durée de la peine,* comme on le supposerait à première vue. Il est démontré que la mortalité la plus grande se produit pour les condamnés dès les premières années d'emprisonnement, pendant ce que nous pourrions appeler la *période d'acclimatation à la peine,* tandis que les années suivantes la moyenne de la mortalité décroît rapidement pour rester pendant plusieurs années sensiblement stationnaire. Il en résulte que de deux condamnés ayant exercé, par exemple, une profession agricole, pour lesquels le maximum de mortalité moyenne se produit dès les deux premières années d'emprisonnement, et toutes choses égales d'ailleurs, le condamné à 4 ou 6 ans ne sera pas puni deux fois plus que le condamné à 2 ou 3 ans, car il ne sera pas exposé à deux fois plus de chances de mort; par suite, si la peine du condamné à 4 ou 6 ans est suffisante, le condamné moitié moins coupable se trouvera beaucoup trop puni par une peine d'une durée moitié moindre, et réciproquement. Ainsi donc, en supposant même les condamnés dans des conditions identiques au moment où ils entrent en prison, il n'est pas exact que la gravité de la répression soit sensiblement pour eux proportionnée à sa durée, parce que dans les premières années de l'emprisonnement se trouve une période d'acclimatation à la peine même, qui détermine une mortalité bien plus élevée, que celle des années suivantes, *et fait atteindre aux chances de mort leur maximum moyen dès le commencement de la captivité*, au lieu de les laisser croître simplement en proportion de la durée de la peine, *comme le supposait le législateur*, et comme on le croirait tout d'abord.

Si encore cette influence morbide, résultant du régime de la prison, s'exerçait au même degré sur tous les détenus, il y aurait cependant encore entre eux une sorte d'égalité relative. Mais il n'en est rien malheureusement. — Supposons deux condamnés non plus de même profession, mais l'un ayant antérieurement à la condamnation une profession agricole, par exemple, et l'autre une profession sédentaire, la disproportion entre la gravité de la peine et sa durée s'accuse encore davantage. Les données de la statistique prouvent en effet que la mortalité la plus grande pèse dans les prisons sur les condamnés des professions manuelles actives, *au grand air*, ceux qui sont en général les plus vigoureux, les moins usés par le vice, et que même le maximum de mortalité résultant de l'acclimatation à la peine se produit pour le condamné à une profession manuelle active, et surtout pour les habitants des campagnes, dès les deux premières années d'emprisonnement, tandis que pour les détenus à profession sédentaire intérieure le maximum de mortalité, *de beaucoup moins élevé*, n'arrive que beaucoup plus tard. On comprend en effet que *l'acclimatation à la peine* soit plus difficile et par suite les chances de mort plus grandes, pour l'habitant de la campagne que pour les hommes à profession sédentaire, si l'on remarque que le régime, sous lequel a vécu le cultivateur, s'éloigne bien plus des habitudes de la prison, que l'existence antérieure des ouvriers sédentaires, et des hommes de bureau, qui sont en effet, par la nature même de leurs travaux, comme acclimatés par avance à la vie d'immobilité relative, au *manque d'air pur*, etc., enfin aux mauvaises conditions d'hygiène plus ou moins inhérentes à tout système d'emprisonnement quel qu'il soit. Il en résulte que l'habitant de la campagne condamné à l'emprisonnement sera, à égale durée de la peine, certainement plus puni qu'un homme à profession sédentaire, car il en souffrira beaucoup plus [1].

Si maintenant on tient compte de la différence d'âge, on trouve un nouvel élément de disproportion entre la gravité de la peine et sa durée. En effet il résulte des observations de statistique faites dans les maisons centrales que, pour les condamnés des deux sexes au-dessous de 20 ans, les chances de mort sont *beaucoup plus élevées*, que pour tous les condamnés plus âgés. Il en résulte qu'à durée égale de la peine, le condamné de moins de 20 ans sera beaucoup plus puni qu'un condamné adulte ou un vieillard. Or la gravité de la répression, par suite de la *nature même de la peine,* s'exerce dans ce cas exactement en raison

[1] Ainsi sur 100 décès causés spécialement par phthisie et scrofules, maladies très fréquentes dans les prisons, on constate que pour les détenus des maisons centrales ayant exercé une profession agricole ou toute autre profession manuelle active, 71 pour cent décédés avaient une forte constitution à leur entrée en prison, tandis que pour les hommes ayant exercé une profession manuelle sédentaire moins pénible, et surtout pour les condamnés qualifiés *sans profession*, la mortalité s'abaissait parmi ceux ayant une forte constitution jusqu'à 55 p. 0/0 ; les autres maladies des prisonniers donnent un résultat analogue, ce qui prouve qu'à *force physique égale* les hommes, ayant exercé les travaux manuels les plus rudes, souffrent de la peine de l'emprisonnement beaucoup plus que les condamnés, qui avaient des professions sédentaires moins pénibles, et même que ceux qui ne travaillaient pas, ceux que l'on pourrait appeler les non-valeurs sociales. On voit donc qu'au point de vue de la proportionnalité de la peine à l'acte punissable ce serait, *pour une même durée d'emprisonnement*, le coupable, qui avant sa condamnation avait été le plus travailleur, d'ordinaire le moins vicieux, qui souffrirait davantage, qui serait en fait le plus puni.

Voir Raoul Chassinat : *Des mesures et des précautions à prendre pour la conservation de la santé des détenus*, p. 77, de Mortier, imprimeur, Bruxelles, *Études sur la mortalité comparée*, du même auteur, page 116.

inverse des présomptions légales de culpabilité, — car les mineurs sont toujours supposés moins responsables de leurs actes, et par suite moins coupables que l'homme fait et le vieillard.

Si les deux condamnés sont d'origine, de tempérament différents, si l'un est du Nord de la France et l'autre d'un département du Midi, la disproportion entre la gravité de la peine et sa durée s'accuse encore. Les condamnés provenant des départements du Midi de la France, et peuplant les maisons centrales de cette région, donnent jusqu'à 1 décès pour moins de 16 détenus, tandis que les condamnés provenant des départements du Nord fournissent seulement 1 décès sur un peu plus de 20 détenus [1]. La mortalité dans les prisons est donc de 1/4 plus élevée pour le midi que pour le nord de la France : il en résulte que de deux condamnés, l'un du nord, l'autre du midi, se trouvant dans les mêmes conditions d'âge, de sexe, de profession etc., et *étant également coupables*, si la peine appliquée au condamné du nord est suffisante, la *même durée de peine* sera de 1/4 trop forte pour le condamné du midi, car il sera exposé à des chances de mort de 1/4 plus nombreuses que le condamné du nord.

On voit par ces simples données combien il est difficile et parfois presque impossible dans la pratique de proportionner une peine d'emprisonnement quelconque à la gravité de la faute, puisque même pour des condamnés se trouvant dans des conditions identiques de profession, d'âge, de sexe, de tempérament, etc., au moment de leur entrée en prison, les chances de mort ne sont pas à beaucoup près exactement proportionnées à la durée de la peine, et que sur deux condamnés à un emprisonnement d'*égale durée*, la peine sera par exemple incontestablement plus forte pour l'homme de la campagne, que pour l'ouvrier sédentaire, pour le condamné de moins de 20 ans, que pour l'homme adulte ou le vieillard, pour un méridional, que pour un condamné originaire du nord de la France.

Mais objectera-t-on, ces mortalités différentes pour une même

---

[1] Moyenne annuelle de la mortalité pendant une *même* période de 16 ans. — Voir R. Chassinat, *Des mesures et des précautions à prendre pour la conservation de la santé des détenus*, p. 81.

durée de la peine, résultant de la profession, de l'âge, de l'origine, etc., doivent se présenter aussi bien pour les travaux forcés que pour une peine d'emprisonnement proprement dit. Cela pourrait paraître vrai à première vue, cependant les données de la statistique prouvent entièrement le contraire.

Toutes ces anomalies en matière de mortalité n'existent pas ou sont à peine appréciables chez les condamnés aux travaux forcés, ou plutôt à la colonisation forcée, comme on pourrait appeler avec raison la peine des galères telle qu'elle est maintenant transformée, et cela parce que le galérien se trouve dans des conditions d'existence moins différentes de celles nécessaires à son développement normal, que le condamné à une peine d'emprisonnement quelconque. Pour les bagnes la *période d'acclimatation à la peine* se trouvait presque insensible lorsqu'ils étaient établis en France ; elle est toujours d'une gravité bien moindre, que dans le cas d'emprisonnement, même depuis que la peine des travaux forcés est subie aux colonies ; en tout cas, le galérien se trouve si bien dans des conditions d'hygiène, relativement normales, que les chances de mort sont à peu près les mêmes, quelle que soit la profession antérieure, à la différence de ce qui a lieu toujours pour la peine de l'emprisonnement, et au point de vue de l'âge, au lieu que la mortalité maximum se produise chez les condamnés de moins de 20 ans, comme cela a lieu dans le cas d'emprisonnement proprement dit, *l'époque de la puberté et les premières années, de l'adolescence, comprises dans la période de 16 à 20 ans, ont au bagne des chances de mort beaucoup moins nombreuses que les périodes suivantes* [1].

Si l'on examine maintenant la valeur répressive des peines non plus seulement en ce qui concerne leur action sur le condamné, mais au point de vue des facilités d'application des dites peines par les tribunaux, on voit que, pour les travaux forcés, la gravité de la répression étant presque toujours proportionnée à la durée de la peine, contrairement à ce qui a lieu dans le cas d'emprisonnement proprement dit, il est dans la pratique bien

---

[1] R. Chassinat, *Etude sur la mortalité comparée dans les bagnes et les maisons centrales,* page 129.

plus facile de déterminer équitablement la peine correspondant à chaque acte coupable avec les travaux forcés qu'au moyen de toutes les autres pénalités édictées par le Code.

Si l'on étudie enfin la question non plus au point de vue de la répression, qu'exige la société pour sa propre sécurité, et le respect des lois naturelles de justice ; si, abstraction faite de l'intérêt général, on se préoccupe seulement de l'intérêt de l'individu condamné, qu'une législation pénale complète et *pratique* doit *moraliser* tout en le punissant, on reconnaît que la peine de l'emprisonnement exerce une influence déplorable sur ceux qui la subissent. En ce qui concerne l'effet moral, les données de la statistique prouvent que la prison conduit plus ou moins le condamné à l'abrutissement ou à la folie, et, malgré tout ce que l'on a pu dire de la moralisation résultant pour le prisonnier de la peine même à laquelle on le soumet, il est très certain qu'un système de pénalité, qui tue le corps au lieu de le régénérer, ne peut presque jamais rendre l'âme meilleure.

Que l'on ne s'y trompe pas, ce mode de répression au moins pour les peines de longue durée ne peut être, de l'avis de tous les hommes compétents, que très difficilement moralisateur, car la prison exercera toujours plus ou moins une action énervante et bientôt dépravante sur le condamné; c'est du reste cette dépravation ou tout au moins cet énervement en quelque sorte forcé, qu'elle impose au corps et à l'intelligence, qui détermine principalement la mortalité anormale observée chez les prisonniers.

Enfin le nombre des récidives, *toujours croissant chaque année*, prouve, mieux que tous les raisonnements possibles, combien les moyens de répression maintenant en vigueur en France sont loin d'être réellement moralisateurs. On reconnaîtra donc qu'il y a un intérêt social urgent à les améliorer, ou plutôt à les changer en partie du moins, et qu'il importe enfin de compléter notre système pénal par des mesures nouvelles assurant toujours au condamné *libéré* les moyens de vivre de son travail, et de se faire, s'il le veut, une place honorable dans la société. C'est seulement ainsi qu'on pourra mettre un terme à ces récidives de plus en plus nombreuses, et qui sont la meilleure preuve de l'imperfection de notre système pénitentiaire. En tout cas, si l'on veut non seulement frapper le coupable, mais encore le moraliser, ce n'est pas avec la peine de l'emprisonnement proprement dit qu'on pourra espérer réellement d'y parvenir. Il faut quelque chose de plus, il faut autre chose.

Ne serait-il pas permis de penser que, pour l'honneur de notre législation pénale, dans l'intérêt de la société, dans l'intérêt du condamné lui-même, il conviendrait de ne plus se contenter de demi-mesures, de réformes simplement de détail, qu'il serait temps d'aborder résolument les difficultés de la question, de *l'étudier enfin dans son ensemble*, et d'agir?

CHAPITRE DEUXIÈME.

§ 1er. — LES RÉFORMES.

Nous venons de voir les côtés défectueux de notre système pénitentiaire, et combien surtout il est peu moralisateur pour le condamné; examinons maintenant de quelle manière peuvent être faites à ce point de vue les réformes nécessaires. Nous ne contestons pas, et nous reconnaissons tout d'abord, que la peine étant avant tout édictée par la société pour sa défense, la condamnation doit être *répressive*, c'est-à-dire, mettre le coupable dans l'impossibilité de nuire, au moins pour un temps, aux autres hommes, en lui faisant subir une contrainte, une souffrance quelconque en expiation de l'acte punissable commis. Elle doit être encore *préventive*, en retenant par la crainte de la répression ceux, qui se laisseraient aller plus facilement à des actes coupables, s'il ne devait pas en résulter un sérieux préjudice pour eux; dès lors, toute répression, pour être véritablement une peine, une expiation doit, *sans devenir excessive*, comme dans bien des cas la peine de l'emprisonnement actuel, conserver cependant la gravité nécessaire pour rester encore une pénalité sérieuse aux yeux de *tous*. Si la peine de l'emprisonnement, par exemple, ne consistait que dans la privation de la liberté, comme cela a été pendant longtemps en quelque sorte de tradition dans la législation française en particulier, la prison pour certaines natures paresseuses et corrompues deviendrait simplement une sorte de lieu de refuge, où la nourriture, quelque mauvaise qu'elle fût, serait toujours assurée, *sans avoir besoin d'être acquise par un travail,* contrairement à ce qui a lieu dans la vie normale, et par suite le condamné libéré notamment aurait toujours une tendance à commettre de nouveaux délits, qui le feraient rentrer à la prison, où il sait qu'il trouverait son pain assuré, *sans même être tenu de le gagner.* On avait donc été amené à imposer un travail au prisonnier pour rendre la peine plus effective. Or, il résulte maintenant des expériences faites, et des données fournies par la statistique, que ce nouvel élément de pénalité, jusqu'à présent *accessoire,* semble devoir en quelque sorte absorber tous les autres, et devenir le moyen *principal* de répression, car il rend la peine plus *égale* pour tous, et semble en même temps plus *moralisateur* que tout autre mode de pénalité. En effet un travail suivi conserve au corps ses forces, s'il ne les augmente pas, et tout l'être se trouvant soumis à des conditions normales et régulières de mouvement, contracte peu à peu les habitudes de la vie laborieuse et réglée, qui constitue la meilleure garantie de santé et de développement physique et moral pour l'homme. Dans ces conditions, la peine peut donc exercer d'autant plus facilement une influence favorable sur les condamnés, qu'elle devient *par sa nature même* effectivement et également moralisatrice pour tous.

Certains pays, l'Angleterre et l'Allemagne notamment, ont pris l'obligation du travail comme base du régime pénitentiaire. Dans ce système, toute condamnation corporelle suppose non-seulement la privation plus ou moins complète de la liberté, mais encore et surtout un travail forcé quelconque; alors la perte de la liberté n'est même en quelque sorte que la conséquence du travail obligatoire auquel le condamné est soumis, et *semble presque n'avoir d'autre limite que les nécessités d'exécution du travail forcé lui-même.* En Angleterre par exemple, on n'enferme pas le condamné simplement pour le priver de sa liberté, la société s'empare de lui non pas seulement pour l'empêcher de faire librement ce qu'il veut, mais encore et surtout pour lui imposer une action, un travail plus ou moins pénible, suivant la gravité de la peine encourue. Pour rendre le travail tout-à-fait moralisateur, on sépare les condamnés à une même peine en plusieurs catégories au moyen d'un classement déterminé suivant la manière dont ils s'acquittent de leur tâche, d'après des notes journalières analogues aux bons points que l'on donne à l'école, et qui font acquérir, à ceux qui les obtiennent, des droits à une réduction de la peine pouvant aller jusqu'au quart et même au tiers de sa durée, le ticket de liberté obtenu par les condamnés étant toujours au surplus *révocable* en cas de mauvaise conduite. Les détenus ayant la *certitude* que leurs efforts vers le bien seront toujours effectivement récompensés, trouvent dans ces réductions de peine comme une prime d'encouragement à bien faire.

Dans ce système, l'action forcée, à laquelle on soumet le coupable, est donc non-seulement pour lui une expiation de la faute commise, mais encore un moyen de se libérer d'une partie de la peine, s'il travaille consciencieusement. Il en résulte pour les condamnés une sorte d'entraînement au bien, qui relève et régénère leur moral mieux que ne pourraient le faire les meilleurs raisonnements ; et comme toute bonne mesure est féconde en conséquences utiles, plus le condamné travaille avec ardeur, plus il produit, et moins il coûte par suite à la société. Il en résulte que le système pénitentiaire, au lieu d'être comme en France une charge assez lourde pour le budget, est maintenant en Angleterre au moins pour une partie du service, dans les prisons de Portsmouth, Portland et Chatham en particulier, une source de revenus. Au point de vue économique, on reconnaîtra donc que l'emprisonnement proprement dit, qui épuise le corps, et *diminue la capacité de travail du condamné sans le moraliser davantage*, prive la société d'une partie des bénéfices qu'elle retirerait du travail des détenus, bénéfices qui l'indemniseraient des dépenses nécessaires à leur existence. Il en résulte que les charges du service pénitentiaire, qui sont, *dans le système d'emprisonnement proprement dit, plus lourdes, qu'avec tout autre moyen de répression*, se trouvent encore *forcément* agravées par le fait du condamné, à cause de la nature même de la peine à laquelle il est soumis, et *cela sans profit pour personne.*

Mais objectera-t-on, si le condamné est astreint à un travail forcé, on prive l'ouvrier libre et honnête de toute la quantité de travail, qui sera faite par les détenus, et l'on diminue d'autant le juste bénéfice qu'il pourrait tirer de son travail même. On pourrait répondre à cela : tout homme a le droit de travailler pour lui et les siens, et l'égoïsme des autres travailleurs, ne peut lui enlever ce droit, quand il est en liberté, vivant de la vie commune à tous les citoyens de son pays ; or ce même homme doit-il être privé de *son droit au travail*, de son droit de concurrence, quand il est emprisonné légalement, sous prétexte que le travail auquel il se livre dans l'état de captivité est autant de perdu pour les ouvriers libres ? Assurément non, car ce serait une injustice, et une exagération de la pénalité. Tout condamné garde donc intact son droit au travail pendant la durée de la peine à laquelle il est soumis, et la société, en lui enlevant les moyens de chercher librement du travail, contracte même par ce fait l'obligation de lui en procurer. Mais une différence capitale existe entre la concurrence que tout travailleur libre a le droit de faire aux autres travailleurs, et celle exercée par le même homme, lorsqu'il est soumis à une peine de travail forcé. — La société, en lui *assurant toujours du travail pendant la durée de la peine*, surtout en donnant à sa puissance de production le plus grand développement possible par l'outillage spécial, les matières premières et en fait le capital, qu'elle met à sa disposition, en ménageant un débouché aux produits de sa fabrication, soit directement, soit par marchés *conclus par elle* avec les adjudicataires du travail pénitentiaire, alors que le travailleur honnête reste exposé aux chômages, au manque de crédit, au défaut de vente du produit fabriqué par lui etc., la *société*, dis-je, en se *faisant l'associée ou au moins la caution* des travailleurs pénitentiaires, crée une concurrence bien autrement puissante, que celle pouvant être faite par les mêmes hommes, s'ils étaient livrés à leurs seules ressources.

Le législateur a donc le devoir de fixer les conditions dans lesquelles peut s'exercer *équitablement* cette garantie de travail, cette concurrence spéciale et toute puissante faite en réalité par la société elle-même aux ouvriers libres, à raison du travail *intensif* et *permanent* qu'elle impose et *assure* aux condamnés. Aussi le travail forcé étant admis comme l'élément *nécessaire* et *principal* de *toute* répression véritablement utile, il importe de déterminer tout d'abord quels travaux il conviendrait d'imposer aux condamnés, afin de ne créer une concurrence aux travailleurs honnêtes que dans des conditions, qui leur soient le moins défavorables possible.

Nous avons vu que si, dans l'intérêt de l'individu coupable, la peine doit être *moralisatrice*, il faut dans l'intérêt de la société qu'elle soit effectivement assez grave pour rester une peine aux yeux de tous ; car c'est ainsi seulement qu'elle conservera son caractère principal, et sa raison d'être, qu'elle sera réellement *répressive*, et par suite *préventive*. Or, si toutes les peines se réduisaient, comme on l'a proposé, à une simple déportation dans un pénitencier agricole-colonial, où le travail forcé serait toujours plus sain que la plupart des travaux sédentaires, et surtout le travail dans des établissements dangereux et insalubres, la peine perdrait son caractère principal, elle ne serait plus effectivement répressive ni préventive, car elle cesserait d'être redoutée sérieusement par une grande partie des travailleurs, qui, s'ils étaient condamnés, se trouveraient simplement forcés par la société d'exécuter un travail aussi salubre au moins que celui qu'ils font habituellement pour vivre. Il est très certain en effet, qu'un travail forcé dans une ferme pénitentiaire ne paraîtra pas bien pénible pour les habitants des campagnes, il sera peut-être moins redouté encore par les habitants des villes ; ce travail aura en effet pour eux comme l'attrait de la nouveauté, et ces condamnés, la plupart à profession sédentaire antérieure, comprenant d'instinct que le genre de vie auquel on les soumet ne peut qu'être favorable à leur santé, éprouveront même comme un certain plaisir à se trouver au grand air à la campagne, et à se mettre *au vert* en quelque sorte, ce dont au surplus, à raison de leur état relativement anémique, ils auraient fort souvent besoin. Le pénitencier agricole, *qui est la vraie solution pour les enfants et les jeunes gers de moins de 20 ans*, à raison des nécessités de développement physique, qui rendraient pour eux toute autre peine trop dure, et parfois d'une application *équitable* presque impossible[1],

---

[1] Voir sur les dangers du système cellulaire pour les enfants et les jeunes détenus de moins de 20 ans : Raoul Chassinat, *Dangers de l'emprisonnement cellulaire appliqué aux jeunes détenus.* (Annexes au *Moniteur Belge*, n° 265,

le pénitencier agricole, disons-nous, ne peut être pour le coupable *adulte* un système de répression sérieux ; car cette peine sera en effet le plus souvent trop légère et par suite inefficace. Passer du système d'emprisonnement actuel au pénitencier agricole, ce serait réellement aller d'un extrême à l'autre, car si la répression doit être toujours proportionnée à la faute, s'il doit y avoir une juste gradation pénale à mesure que le crime est plus grand, il faut que cette proportionnalité de la répression existe non-seulement entre les peines, mais aussi par rapport au régime moyen d'existence dans la vie libre ; il faut que la répression soit réellement une pénalité, une souffrance comparée au genre de vie et de travail généralement adopté par l'homme en liberté, sans cela la répression n'imposerait plus cette crainte, qui fait écarter l'idée du délit ou du crime, et empêche l'esprit de s'y arrêter ; elle perdrait son caractère peut-être le plus important, elle ne serait plus *préventive*. — Enfin l'objection sérieuse de la concurrence faite aux ouvriers honnêtes existe tout aussi entière pour le travail manuel agricole que pour les autres travaux, et l'on arrive simplement dans ce système à faire une concurrence à l'ouvrier libre pour un travail encore plus sain et plus favorable à la santé, que tous ceux pour lesquels la concurrence existe maintenant. En agissant de la sorte, et bien que la production agricole ne puisse jamais être trop abondante, on suivrait encore une marche inverse à celle que commande l'intérêt matériel des travailleurs honnêtes, et surtout l'intérêt général de la société, qui, pour sa défense et sa sécurité, veut que la peine soit assez forte pour rester effectivement répressive et par suite préventive. — Aussi est-ce sur le terrain de l'industrie, spécialement créée par les applications chimiques, dans les établissements reconnus les plus dangereux et *les plus insalubres*, que devrait être faite

année 1847). — L. Vidal, inspecteur général des prisons, *Note sur l'emprisonnement cellulaire* (1853) et les autres ouvrages du même auteur sur le système pénitentiaire. — Frédéric Lévy, *Mémoires administratifs*. — H. Corne, *Étude sur la prison cellulaire dite la Petite-Roquette* (1861). — Mathieu, rapport au Corps Législatif (*Moniteur* du 7 août 1865). — d'Haussonville, *Étude sur le régime des établissements pénitentiaires* (*Journal officiel*, 21-27 août 1874).

en bonne justice, et dans l'intérêt même des ouvriers honnêtes, une concurrence réelle aux travailleurs libres. En effet, les ouvriers de certains établissements de produits chimiques ne se rendent pas toujours assez compte, souvent les patrons eux-mêmes ne voient pas assez que ces chantiers spéciaux ouverts au travail ne sont dans bien des cas pour l'ouvrier que des ateliers d'*empoisonnement*. Cela est strictement vrai, et nous n'exagérons malheureusement pas : séduit par des prix de journées relativement élevés, ou pressé par la misère, l'ouvrier entre dans ces fabriques, se disant pour se consoler que, s'il y doit avoir la vie courte, il l'aura bonne. Or, les infirmités, résultant du travail lui-même, arrivent bien avant le jour de la mort, et la vie pour l'ouvrier finit toujours par être courte et mauvaise. Ces hommes sont en fait sacrifiés au bien-être des autres, et ils s'imposent ainsi des souffrances et la mort souvent pour un morceau de pain : car ces travaux dangereux, à raison du grave préjudice qu'ils causent à ceux qui les exécutent, et proportionnellement au prix actuel des travaux plus sains, ne sont presque jamais assez payés.

Il ne faut pas perdre de vue que l'ouvrier honnête, qui n'a pu se constituer un pécule, et vit au jour le jour du produit de son travail, n'ayant pas comme le condamné toujours son pain assuré, qu'il soit malade ou bien portant, qu'il ait ou non du travail, astreint, lui aussi à un labeur forcé, pour pouvoir nourrir sa femme, ses enfants et lui-même, il ne faut pas oublier, dis-je, que cet ouvrier honnête n'a trop souvent sur les détenus d'autre avantage que la liberté de mourir de faim. On ne saurait donc objecter avec raison qu'en imposant au condamné des travaux dangereux et insalubres, on lui ferait une condition trop dure, puisqu'il se trouverait encore le plus souvent avoir une situation matériellement meilleure, que l'ouvrier honnête forcé par le besoin d'exécuter *seul* jusqu'à présent ces mêmes travaux, faute d'une besogne plus saine et moins pénible, dont il est même en partie privé par la concurrence, que lui font de plus en plus aujourd'hui les condamnés des maisons centrales.

Aussi ne croyons-nous pas qu'il faille choisir pour les détenus, comme cela a lieu en France, les travaux les moins dangereux pour la santé, pour la vie même de ceux qui les exécutent.

A cet égard il est permis de penser qu'il serait temps d'étudier enfin la question, non plus seule... nt, comme on l'a fait jusqu'ici surtout, au point de vue restreint de l'intérêt du condamné *seul*, mais en se plaçant enfin à un point de vue plus général et *plus vrai*, au point de vue de l'intérêt bien entendu de la masse des travailleurs. — Nous voudrions par suite que la loi, prévoyant une juste répartition, et comme un bon classement du travail social, imposât seulement aux condamnés les travaux les plus dangereux et les plus malsains, ceux qui véritablement abrègent l'existence, et ils sont nombreux depuis l'extension donnée aux applications chimiques industrielles. De cette manière, on enlèverait seulement aux travailleurs honnêtes la partie la plus lourde de leur tâche, ce qui serait justice. — Dans ce système, l'élément principal de répression serait donc l'accomplissement d'un travail non seulement forcé, mais encore plus ou moins dangereux suivant la gravité de la peine encourue [1]. Au surplus toutes les règles d'hygiène, pouvant rendre ces travaux le moins malsains possible, devraient être soigneusement observées, et le condamné se trouverait encore dans des conditions presque toujours plus favorables à sa santé physique, que l'ouvrier honnête faisant le même travail dans les établissements dangereux et insalubres de l'industrie privée. On néglige en effet trop souvent dans les fabriques certaines précautions coûteuses, inutiles, il est vrai, au point de vue de la qualité des produits fabriqués, mais d'une nécessité capitale pour la santé des ouvriers. Les fabricants sont loin de faire toujours tous les frais nécessaires à ce point de vue, soit qu'ils ignorent en partie les dangers de leur exploitation industrielle pour le travailleur, soit que se préoccupant surtout d'obtenir le plus grand bénéfice possible, ils suppriment toutes

---

[1] Pour faire un classement entre les établissements dangereux et insalubres, permettant de proportionner les dangers du travail forcé à la gravité de l'acte punissable, il y aurait intérêt à dresser des tables de mortalité comparée des ouvriers dans les diverses industries, ce qui permettrait mieux que tout autre moyen de faire entre elles un classement véritablement exact : on affecterait alors les industries donnant, la mortalité moyenne la plus forte, aux condamnations les plus graves, réservant enfin les travaux agricoles pour les peines les plus légères, ces travaux paraissant être de tous, les moins dangereux à exécuter.

les dépenses qu'ils croient inutiles à leur fabrication, certains au surplus que l'attrait d'un salaire relativement élevé, et quelquefois la misère, leur assureront de nouveaux ouvriers, quand ceux qu'ils emploient seront hors de service. Quelques-uns obéissent à ces raisons d'économie avec d'autant moins de difficulté, que la surveillance administrative, fort souvent insuffisante, ne les met pas dans la nécessité d'exécuter régulièrement les *prescriptions légales de salubrité, encore si incomplètes* cependant pour certaines industries nouvelles. D'autre part, les ouvriers eux-mêmes par ignorance ou apathie, négligent trop souvent d'observer ces règles d'hygiène, qu'ils considèrent parfois comme une précaution inutile et qui leur ferait perdre un temps qu'ils croient bien à tort mieux employer autrement. En tout cas, les causes de la mortalité excessive, que l'on constate parmi les ouvriers de certaines industries, étant surtout celles que nous venons d'indiquer, on devrait, comme nous l'avons dit, observer strictement les règles d'hygiène dans les fabriques pénitentiaires. — Les mêmes observations seraient applicables à l'emploi des machines industrielles, qui, par la nature de leur fonctionnement, augmentent le plus souvent les dangers du travail. Aucune des précautions nécessaires pour éviter aux ouvriers des blessures presque toujours graves ne devrait être négligée.

Pour tous ces motifs il n'y aurait pas lieu de redouter la concurrence que des fabriques pénitentiaires pouvaient faire aux établissements les plus dangereux et les plus insalubres de l'industrie privée, il faudrait souhaiter bien plutôt qu'elle fût assez effective pour arrêter dans son développement cette branche de l'industrie ; car on remplacerait ainsi des fabriques, presque toujours incomplètement installées au point de vue de la salubrité et de la sécurité du travail, par des établissements, où les règles d'hygiène, ainsi que toutes les précautions, pouvant rendre l'emploi des machines le moins dangereux possible, seraient sévèrement observées.

La loi se trouvant plus conforme aux véritables intérêts des travailleurs, toute disposition réglementaire ayant pour but d'en préciser l'application, ou plutôt d'en corriger les conséquences fâcheuses, deviendrait par suite moins nécessaire. Aussi la dernière circulaire de M. le Ministre de l'Intérieur, règlementant la concurrence faite par l'industrie pénitentiaire à l'industrie libre, ne devrait plus en quelque sorte avoir pour objet, que d'assurer au condamné une rétribution de son travail *proportionnellement égale* à celle payée aux ouvriers libres des industries similaires, déduction faite des déchets plus grands et faux frais de toute nature, résultant de la négligence, et généralement aussi d'une habileté d'exécution moins grande chez le travailleur pénitentiaire que chez l'ouvrier libre. Il importe, en effet, de tenir compte, pour l'évaluation du prix du travail, des conditions défavorables dans lesquelles se trouvent les condamnés. Ceux-ci, n'exécutant pas toujours des travaux de leur état, ont dû le plus souvent faire un apprentissage à un âge où le corps et l'esprit de l'homme se plient moins facilement que pendant la jeunesse, à des applications nouvelles de ses facultés, sans parler de l'influence débilitante, exercée par la vie prisonnière sur le détenu, et qui, affaiblissant ses forces, diminue d'une manière très sensible sa capacité de travail.

Enfin le règlement des pénitenciers serait débarrassé de toutes les prescriptions inutiles et abrutissantes, existant encore trop souvent en pratique dans les maisons centrales, telles que l'oblition du silence par exemple, l'une des causes principales de l'aliénation mentale, surtout pour les femmes détenues ; toutes ces dispositions vexatoires, sans résultat réellement utile, passeraient du règlement habituel du pénitencier au règlement d'exception, et seraient seulement imposées comme pénalité dans le quartier de discipline.

A cet égard, nous ne saurions trop insister sur la nécessité des réformes, qu'exige une *équitable* et *utile* application de la peine.

Dans le système de répression encore en vigueur pour tout acte coupable entraînant une condamnation autre que celle des travaux forcés, non seulement on empêche le détenu de faire librement ce qu'il veut, on le soumet à une peine qui lui enlève la possibilité de faire le mal, ce qui est justice, mais malheureusement on va plus loin ; par l'arrêt de liberté relative que la vie prisonnière impose même aux fonctions vitales, on l'empêche en réalité de faire le bien. En effet, loin de le moraliser on énerve ainsi ses facultés, on détermine en lui, par le genre de vie anormal auquel il est soumis, comme une ankylose physique et morale, qui aboutit trop souvent à l'abrutissement ou à la folie, et ce qui survit de ses facultés est toujours plus ou moins dépravé, perverti *par les conditions d'existence* qui lui sont imposées.

Au lieu de le soumettre simplement à un travail forcé, qui le régénérerait physiquement et moralement par un fonctionnement *normal et utile* de tout son être, on amoindrit ses facultés intellectuelles, notamment par le silence forcé, et les facultés purement physiques par l'immobilité relative du corps résultant de la vie prisonnière, quel que soit le travail *en chambre* auquel il est soumis, enfin par l'impossibilité de respirer librement au grand air et à la lumière libre[1], condition indispensable de la régénération complète du sang dans les poumons, ce qui détermine notamment la phthisie et les scrofules, maladies si fréquentes parmi les détenus, et presque toujours mortelles pour eux. Aussi est-il malheureusement hors de doute, que cette privation extrême de liberté, qui s'étend même au fonctionnement vital, au lieu de moraliser, de régénérer le condamné, le déprave, le tue en détail, et ne détermine chez ceux qui survivent, qu'un état maladif dont la société, par *la nature des peines* qu'elle impose, est presque seule responsable.

Le système de pénalité que nous proposons est diamétralement opposé à celui-là. — Au lieu de l'inaction obligatoire résultant d'une privation de liberté poussée à l'extrême, comme dans l'emprisonnement cellulaire continu par exemple, c'est avant tout *l'action forcée*, que nous voulons imposer au coupable, et nous réclamons pour le condamné à des peines inférieures, *au moins la liberté comme au bagne*. Au lieu de condamner le détenu à une vie d'immobilité relative, souvent mortelle pour lui, et sans utilité pour personne, au lieu de tuer ses facultés, on les utilise, en lui imposant comme peine *principale*, non l'emprisonnement, mais une quantité de travail *utile* de plus en plus grande à mesure que la peine subie est plus forte. Au lieu de créer des prisons, qui ne servent qu'à enlever plus ou moins au détenu la

---

[1] Contrairement à ce qui a presque toujours lieu au bagne pour la peine qui correspond cependant aux plus grands crimes.

liberté de vivre, quel que soit le travail *en chambre* auquel il est soumis, on lui applique un mode de répression ayant simplement pour but d'obtenir de ses facultés une action normale forcée, souvent très-grande, mais ne dépassant jamais la limite de ses forces, et qui *par la nature même du travail imposé* serait exercée d'autant plus au grand air et à la lumière libre, que l'acte punissable exigerait une répression moins grave, réservant les travaux dits en chambre, les travaux de fabrique les plus malsains pour les peines les plus fortes, et surtout pour celles du bagne. Dans ce système, on enlève toujours au condamné sa liberté d'action, il ne peut faire ce qu'il veut, il est même beaucoup plus que dans le système actuel soumis à l'obligation du travail, mais ici s'arrête pour lui la privation de liberté, nécessitée par l'application de la peine. Au lieu de supprimer plus ou moins chez le détenu même le fonctionnement de ses facultés vitales, on en réglemente seulement l'exercice ; la privation de liberté n'ayant en quelque sorte d'autre limite que les nécessités d'exécution du travail forcé, qui devient la peine principale ; on impose encore au coupable une contrainte, une fatigue *poussée parfois jusqu'à la souffrance*, mais une fatigue normale et utile. Par cette action intensive à laquelle le condamné ne peut se soustraire, par cette contrainte imposée à ses facultés dans le sens d'un travail forcé, mais *exécuté autant que possible dans les mêmes conditions que pourraient le faire les travailleurs libres*, ses forces se trouvent plutôt augmentées qu'amoindries, contrairement à ce qui a toujours lieu actuellement pour toutes les peines corporelles *inférieures à celles du bagne*. La pénalité étant toujours *répressive* et par suite *préventive*, l'intérêt de la société se trouverait donc sauvegardé ; la peine étant de plus réellement *moralisatrice* et non plus *dépravante* pour le coupable, l'intérêt de l'individu condamné serait donc sauvegardé également.

Enfin le détenu se trouvant à l'expiration de sa peine plus moralisé que, par le mode de répression actuel, il est permis de penser que le nombre des récidives diminuerait, au lieu de s'accroître chaque année, comme cela a lieu maintenant en France, et l'on conçoit par suite combien seraient équitables et *utiles* pour la société elle-même ces modifications au règlement et à l'économie générale de notre système pénitentiaire [1]. Aussi pour tous ces motifs il semble que l'*unification* des peines devrait être cherchée de préférence dans l'exécution d'un *travail forcé* à tous les degrés de la répression.

Ce n'est pas à dire pour cela qu'il faille entièrement supprimer les prisons, et passer ainsi d'un extrême à l'autre.

Dans le système que nous proposons, la peine de l'emprisonnement proprement dit, au moins sous la forme de *séparation complète* entre les condamnés, serait encore maintenue pour certains cas. Ainsi elle serait réservée *comme peine principale* dans toutes les condamnations *inférieures à un an*, mais ne devrait que rarement atteindre cette durée. Il résulte en effet d'observations récentes faites en Angleterre en particulier, qu'un condamné ne peut subir plus de 8 à 9 mois de cette peine, les femmes surtout, sans danger pour sa santé et quelquefois pour sa vie [2] ; à plus forte raison, si l'on considère que le tempérament moyen en France est moins flegmatique qu'en Angleterre, et, dans *les* départements du midi surtout, plus sanguin, plus nerveux que cela n'a lieu d'ordinaire dans les pays plus froids, on comprendra qu'il y aurait en France encore plus d'inconvénients à faire subir aux détenus un emprisonnement cellulaire d'une plus longue durée. Il résulte en effet des données de la statistique que la moyenne de la mortalité dans les prisons du midi de la France est beaucoup plus élevée que dans les prisons du centre et du nord. Ainsi, on a constaté dans les maisons centrales du

---

[1] Voir l'étude sur la *Récidive* et ses causes, que vient de publier M. Joseph Reinach. Nous y trouvons notamment les données de statistique suivantes : en 1878, sur 100 condamnés pour vol qualifié, 70 sont récidivistes, et en 1879, la moyenne est de 72 pour 100. — Dans les mêmes années, 45 et 42 pour 100 des assassins sont récidivistes, et spécialement pour les parricides la moyenne des condamnés récidivistes est de 75 pour 100. Enfin si l'on prend pour base non le nombre des individus condamnés, mais le nombre des nouveaux jugements de condamnations, la proportion des récidivistes est de 87 pour 100. Ces faits prouvent mieux que toutes les considérations théoriques possibles combien notre système de répression est défectueux au point de vue de la *moralisation* des condamnés, et combien l'opinion, s'alarmant d'un tel état de chose, réclame avec raison des réformes promptes et véritablement efficaces.

[2] Voir les rapports du surintendant général Henderson.

midi un décès sur moins de 16 détenus en moyenne et un décès sur moins de 17 détenus dans le centre, au lieu de un décès seulement sur au moins 20 détenus dans la zône du nord. Il serait permis de penser en effet qu'une activité plus grande, un sang plus ardent, des passions plus vives, caractères généraux des organisations méridionales, rendraient aux habitants de ces contrées la captivité plus insupportable qu'aux hommes du nord, en général plus froids, plus calmes, plus disciplinables, et qui, vivant moins au grand air, surtout pendant les mois d'hivernage, se trouveraient mieux préparés en quelque sorte au régime sédentaire et en cellule, auquel ils seraient soumis dans la prison [1]. — Pour les peines *supérieures à un an*, le prisonnier devrait encore subir, pendant les six premiers mois, l'emprisonnement cellulaire complet; ce serait comme une épreuve préalable pendant laquelle, dans l'isolement forcé où se trouverait le condamné, il aurait le temps de se recueillir, de réfléchir à la situation qu'il s'est faite, d'oublier en partie son ancienne existence, de dépouiller enfin le vieil homme, autant que pourrait le lui permettre l'état de dégradation où il serait tombé. — On encouragerait et on faciliterait ce travail de son intelligence, en le soumettant, pendant toute la durée de ce temps d'épreuves, à une sorte d'entrainement vers le bien, on occuperait et l'on règlementerait chez lui le fonctionnement intellectuel par un enseignement que lui donneraient des instituteurs *spéciaux*[2], attachés à chaque maison cellulaire. Si le condamné ne

---

[1] Voir Raoul Chassinat, *Des mesures et précautions à prendre pour la conservation de la santé des détenus dans les prisons cellulaires.* — Bruxelles, de Mortier, imprimeur, p. 85.

[2] Les instituteurs primaires et en général tout gradué universitaire qui voudrait se destiner à cet enseignement devraient *après concours* suivre pendant un an au moins des cours préparatoires, qui leur seraient faits par exemple, à l'école normale supérieure de Paris, par des professeurs spéciaux. Cours de philosophie, de sociologie, de morale, conférences sur les maladies mentales étudiées au point de vue descriptif et philosophique autant que médical, sur les sciences appliquées, et tout spécialement sur la colonisation considérée au point de vue des avantages qu'elle peut avoir pour la société et l'individu, sur les meilleurs modes de colonisation, et enfin sur l'agriculture appliquée à nos colonies. Ces instituteurs seraient placés dans les prisons

sait ni lire ni écrire, ou s'il ne le sait qu'imparfaitement, on lui assurerait l'enseignement nécessaire à ce point de vue, refusant au besoin, aux plus rebelles de leur lire les lettres qu'ils recevraient, tout en leur fournissant les moyens d'acquérir l'instruction suffisante pour leur permettre de lire eux-mêmes leurs lettres, ou tout au moins, une copie, qui en serait lisiblement faite, et qu'on leur ferait épeler de préférence à tout autre texte d'étude. En tout cas et *pour tous*, il y aurait refus de répondre aux lettres, qui leur seraient adressées autrement que par une lettre, qu'ils écriraient eux-mêmes. A ceux qui savent lire, on fournirait des livres, mais de préférence lorsque l'ennui de l'isolement les leur ferait demander, et on les leur donnerait comme une sorte de récompense de leur bonne conduite [1]. On distrairait ainsi le condamné des idées qui l'ont poussé à commettre l'acte punissable ; on lui ferait peu à peu oublier par suite les tendances intellectuelles, le milieu, où il a commis la faute. Puis on occuperait progressivement par des idées plus saines, plus honnêtes, plus en harmonie avec la vie normale, la place laissée libre par les idées mauvaises et fausses *qu'il aurait oubliées*, et l'on détruirait ainsi chez le condamné l'espèce d'ankylose intellectuelle vicieuse, résultant de la dégradation morale où il était tombé.

Après cette période d'emprisonnement cellulaire proprement dit, le condamné serait encore soumis à un isolement

---

et les pénitenciers, d'après leur rang de classement à la sortie de cette école spéciale, *qui est encore à créer en France.*

Spécialement dans les prisons où les détenus ne seraient pas assez nombreux pour occuper *exclusivement* un instituteur, le service resterait confié à l'instituteur de la ville où se trouverait la prison, lequel devrait être alors choisi autant que possible parmi les instituteurs pénitentiaires.

[1] Ce seraient notamment des livres de philosophie (morale), d'histoire, des ouvrages de vulgarisation scientifique, qui les prépareraient utilement aux travaux industriels qu'ils devraient exécuter dans les fabriques pénitentiaires, tels que des traités de chimie appliquée, l'histoire des inventions les plus remarquables ; et la biographie des inventeurs (Archimède, Papin, Bernard Palissy, Watt, Fulton, Lavoisier, Arago, etc.), les ouvrages de L. Figuier, Buffon, Babinet, Cuvier (géologie), d'Arago (astronomie populaire), des études de colonisation sous forme de roman, par exemple le *Robinson Crusoé*, le *Robinson suisse*, mais peu de romans proprement dits.

du travail *manuel* forcé. Il passerait en cellule tout le temps, qui
relatif dans le pénitencier, où il exécuterait la peine principale
ne serait pas consacré au travail, c'est-à-dire le temps réservé aux
repas, au sommeil, etc. De plus, le travail intellectuel obligatoire, qui avait occupé son esprit pendant l'emprisonnement cellulaire, et auquel il devra consacrer encore deux heures au moins
chaque jour, durant l'exécution de la peine principale, pour compléter son instruction, ce travail intellectuel lui-même serait
exécuté par chaque condamné dans sa cellule pour les *études*, et
pour les *classes* faites en commun, dans certaines conditions
d'isolement relatif, par la disposition donnée au matériel scolaire,
lequel devrait comprendre notamment un banc-pupitre *séparé*
pour chaque détenu. On ne saurait trop insister sur la nécessité
du travail intellectuel et sur l'obligation stricte pour les directeurs
des prisons et pénitenciers, d'assurer aux condamnés cette instruction moralisatrice, qui, s'ils avaient pu la recevoir plus tôt,
les eût le plus souvent empêchés de commettre l'acte volontaire
coupable, qui a déterminé leur condamnation [1].

En tout cas, si l'on donnait aux détenus pendant l'exécution de
leur peine une instruction suffisante, la société y gagnerait
comme les condamnés eux-mêmes ; car à la libération, le condamné
ayant acquis une instruction au moins égale et souvent supérieure à celle des ouvriers de son état, se procurerait par suite
plus facilement du travail, et trouvant de plus en lui-même la
force morale nécessaire pour réagir contre ses anciennes tendances
vicieuses, il se laisserait bien moins facilement aller à commettre
de nouveaux crimes. — Le nombre des récidives diminuerait
sans doute au lieu d'augmenter chaque année, comme la statistique le prouve malheureusement, et l'on ne verrait pas ainsi

---

[1] Cette instruction moralisatrice, trop négligée jusqu'à présent, est malheureusement à peu près nulle dans un grand nombre de maisons pénitentiaires.
Il importerait au moins à ce point de vue de veiller à ce que les adjudicataires du travail dans les prisons, ne puissent jamais priver à leur profit
le condamné d'une partie du temps, que la loi lui accorde déjà pour s'in-
struire, et travailler ainsi non plus pour les autres, mais bien réellement pour
lui-même. Il conviendrait dans ce but de moins tenir compte parfois des
réclamations intéressées des adjudicataires, et de les obliger à exécuter
régulièrement les clauses et conditions de leur cahier de charges.

s'accroître un danger social réel, et de nature à fixer sérieusement l'attention du législateur.

A cet égard bien des palliatifs ont été essayés sans grand
succès, malheureusement, et malgré tout le zèle et les sacrifices
pécuniaires que s'imposent les sociétés de patronage, les condamnés libérés ne trouvent toujours que très difficilement du travail.
Quoi que l'on fasse, les chefs d'ateliers ne prendront jamais ces
hommes qu'à défaut d'autres ouvriers ; et d'autre part, les ouvriers
honnêtes choisiront presque toujours de préférence des ateliers
où ils n'auront pas à faire le petit sacrifice d'amour-propre, que
leur impose l'obligation d'accepter sur le pied d'égalité, comme
compagnons de travail, des hommes qu'ils considèrent toujours
comme des inférieurs, et qui dans tous les cas inspireront forcément aux ouvriers et patrons une méfiance trop *souvent justifiée*
malheureusement. ←.

Pour arriver à une solution véritablement sérieuse de la question, et diminuer dans une proportion notable le nombre des récidives, il faudrait toujours assurer au condamné libéré, *immédiatement après sa libération*, le moyen de vivre de son travail, et
sans ces froissements, qu'il éprouve fatalement, et quoi que l'on
fasse, en se retrouvant dans la société de ceux, qui n'ont jamais
subi de condamnations, et qui leur pardonneront d'autant moins
facilement la faute commise, que leur propre honorabilité sera
moindre. Pour arriver à ce résultat, il semble qu'il n'y a qu'un
moyen efficace, c'est la *colonisation*. Que l'on assure au condamné libéré, sous telles conditions que l'on voudra, la propriété
d'une concession de terre avec le moyen de la cultiver, on l'affran-
chira de cette sorte de servitude morale, qui dans la condition
à lui faite par notre législation pénale actuelle, pèse toujours
sur ce malheureux lorsqu'il est rentré dans la société[1] ; *on le*

---

[1] L'obligation pour le condamné libéré d'avoir sur son passe-port ou toute
autre pièce constatant son identité la mention, *quelque abrégée qu'elle soit*, de
la condamnation encourue, la surveillance de la haute police, etc., consti-
tuent un ensemble de mesures que semble exiger la sécurité publique,
mais qui paralysent les efforts du condamné libéré, même le mieux inten-
tionné, en l'empêchant dans bien des cas de trouver du travail et de se suffire
à lui-même. Une condamnation nouvelle, qui assure au moins à ce malheureux
l'ordinaire de la prison ou du bagne, est trop souvent sa seule ressource, et

rendra ainsi véritablement libre, car s'il veut, il pourra par son travail vivre et se suffire à lui-même, ce qu'on n'obtiendra jamais aussi complétement, et *à moins de frais en définitive*, avec les systèmes de patronage et de secours appliqués jusqu'à présent [1]. Le condamné libéré indépendant et isolé sur la parcelle de terre coloniale, qu'il cultive, n'ayant, s'il le veut, autour de lui que des indigènes, auxquels il sera toujours supérieur, au moins par l'instruction acquise, ne se sentira plus dans cet état d'infériorité relative, qui s'impose plus ou moins à lui, s'il rentre simplement dans le milieu social où il vivait avant que la condamnation soit venue en faire comme un paria aux yeux de ses semblables. Voyant pour lui l'avenir assuré, s'il veut travailler et vivre en honnête homme, il n'aura que bien plus rarement ces hésitations, ces découragements, ces révoltes, que le contact de ses concitoyens fait trop souvent naître en lui, lorsqu'il rentre dans la société. Maître et libre, dans son isolement relatif,

les mauvais instincts aidant, la récidive s'impose le plus souvent à ceux des condamnés libérés qui, n'ayant que leur travail pour vivre, ne veulent pas se résigner à mourir de faim.

[1] Toutefois en attendant l'application complète du système de colonisation forcée que nous proposons, on pourrait *immédiatement atténuer en partie le mal, par l'engagement que prendraient les adjudicataires du travail pénitentiaire d'assurer un emploi aux détenus à leur libération.* Il suffirait d'insérer dans les cahiers de charges des adjudicataires une clause spéciale à cet égard. En n'exigeant pas une application trop stricte de la dernière circulaire du ministre de l'Intérieur, imposant aux adjudicataires du travail dans les prisons le paiement d'un prix de journée aussi élevé, toutes choses égales, d'ailleurs, que pour des ouvriers libres des industries similaires, on obtiendrait facilement sans doute l'exécution de cette clause nouvelle, d'une utilité si grande pour les condamnés libérés. — Ce système *appliqué avec succès en Allemagne,* pourrait déterminer, aux colonies notamment, la création de fabriques et tous autres chantiers de travail, où les condamnés libérés auraient le moyen de continuer librement le métier qu'ils exerçaient dans la prison, *et où ils seraient certains de pouvoir toujours gagner leur vie.* On leur donnerait alors comme lieu de résidence, pour le temps de mise en surveillance de la haute police, l'un des centres industriels en question. Il est permis de penser que dans la combinaison de ce système de secours avec celui de la colonisation pénitentiaire se trouverait peut-être le moyen le plus simple et le plus pratique *d'assurer toujours* du travail aux condamnés à leur libération.

sur le coin de terre, qui lui appartient, n'étant guère exposé à l'humiliation de se voir rejeté de la société de ses semblables par intolérance, ou tout au moins par une défiance involontaire et trop souvent justifiée, dépaysé en quelque sorte par ce genre de vie nouveau pour lui le plus souvent, il en arrivera comme à oublier qu'il a été coupable; il reprendra plus facilement une juste estime de lui-même, et il pourra se mettre enfin à être honnête homme, comme s'il n'avait jamais cessé de l'être, poussé d'autant plus à persévérer dans cette voie, qu'elle lui sera plus facilement et plus largement ouverte par les moyens d'existence honorables et nouveaux mis à sa disposition par la société. D'autre part les occasions de mal faire étant moins nombreuses pour lui que dans un pays plus riche et à population plus dense, il sera d'autant moins exposé à la récidive. En tous cas, ceux qui dans ces conditions reviendraient à leur existence première, et commettraient de nouveaux crimes, seraient réellement des natures incorrigibles. N'ayant plus en aucun cas l'excuse de la misère et d'une situation sans issue, créée trop souvent par les conditions d'existence, que leur impose notre système pénal actuel, ils mériteraient moins l'indulgence des lois, et ces récidivistes devraient être avec justice condamnés plus rigoureuse-...ent; car la société, ayant à l'égard de ces malheureux fait tout son devoir, aurait plus que jamais le droit de les punir pour ne pas accomplir le leur. *La colonisation forcée semble donc être le meilleur moyen d'empêcher les récidives.* Aussi, pendant la durée de la peine, l'instruction donnée en vue du relèvement intellectuel des détenus, les idées développées dans leur esprit devront-elles être particulièrement dirigées dans ce sens. On tâchera de faire comprendre au condamné que, si malheureusement sur le territoire de la mère-patrie il ne lui a pas été possible de se créer une situation régulière, lui permettant de se suffire à lui-même, il pourra dans la colonie facilement se faire une place honorable par *l'occupation* et la culture du sol que la société lui abandonne, conquérir *effectivement* à la patrie une terre nouvelle, et agrandir ainsi son territoire; ces idées élevées auraient prise sur l'esprit des détenus, plus qu'on ne le suppose souvent; elles relèveraient leur moral et feraient plus énergiquement adopter par ces malheureux les espérances d'avenir et le genre de vie, qui leur est réservé à la libération, et vers lequel devrait au surplus les entraîner toujours leur intérêt bien entendu. En effet, la lutte pour le bien sera dans ces conditions toujours plus facile, et le condamné libéré sera en réalité plus heureux ; c'est donc son intérêt et en même temps celui de la société, qu'il se fixe définitivement, *et sans esprit de retour*, dans la colonie, que la loi lui imposera au moins pour un temps comme lieu de résidence. Par suite l'internement colonial sera toujours une bonne mesure, et d'autant plus nécessaire que le condamné libéré sera moins revenu au bien. — Pour tous ces motifs chaque pénitencier devra donc être comme une *école de colonisation* [1], et devenir un centre colonial absolument effectif par les concessions de terre, qui seraient faites aux condamnés à l'expiration de leur peine dans un certain rayon autour des pénitenciers, ou même dans des centres agricoles spéciaux, créés de préférence dans la zône frontière, et enfin, pour les condamnés libérés les plus méritants, sur un point quelconque du territoire colonial, où il se trouverait des terres disponibles : au surplus, les colonies faisant maintenant, non seulement en fait, mais en droit, partie intégrante du sol de la patrie, depuis l'abrogation de la plupart des lois spéciales, qui imposaient à chaque colonie un régime politique et administratif distinct, ce n'est plus une peine bien réelle d'avoir un centre colonial comme lieu de résidence, plutôt qu'un point quelconque de l'ancien territoire. En tout cas on pourrait toujours, en fixant la durée de la peine *principale*, tenir compte de cette période d'internement, et diminuer en proportion d'*un quart*, par exemple, la durée de la peine, l'internement devant être toujours de *trois ans* au moins pour une première condamnation à une peine *coloniale*, c'est-à-dire de plus d'un an de durée.

Spécialement en ce qui concerne la récidive, les condamnés libérés ayant toujours *la vie assurée* par les moyens d'existence

---

[1] Une véritable ferme-école coloniale serait annexée à chaque pénitencier, et les détenus devraient passer dans ce quartier spécial la dernière année de leur peine, pour faire utilement leur apprentissage d'agriculteurs coloniaux.

nouveaux mis à leur disposition (à la différence de ce qui a lieu jusqu'à présent), nous avons vu que la loi aurait le droit de se montrer plus sévère à l'égard des récidivistes. Aussi est-il permis de penser qu'il conviendrait d'imposer dès la première récidive ayant entraîné une *nouvelle condamnation à une peine coloniale*, un internement de *dix ans* au moins à l'expiration de cette nouvelle condamnation, *vingt ans* au minimum après la deuxième récidive, et que la troisième récidive, soit la quatrième condamnation à une peine de longue durée, entraînerait dans tous les cas comme peine accessoire un internement colonial *à perpétuité* [1].

A l'égard des récidivistes condamnés même à moins *d'un an* d'emprisonnement, pour vagabondage, mendicité, proxénétisme, etc., et en général toute contravention ou délit quelconque, dans *le cas seulement où le condamné ne pourrait faire la preuve de moyens d'existence réguliers et suffisants*, ces sortes de récidivistes *à la la quatrième condamnation*, seraient envoyés dans un pénitencier *agricole colonial*, sorte de dépôt de mendicité ou de *ferme école pénitentiaire*, dans lequel ils subiraient dans tous les cas une peine *d'un an* de durée au minimum, y compris une épreuve préalable *d'un mois* d'emprisonnement cellulaire, à leur arrivée au pénitencier. Après leur libération ils seraient soumis à l'internement colonial pendant *dix ans* avec concession de terre, faite aux mêmes conditions que pour les condamnés aux peines coloniales ordinaires ; toute récidive nouvelle, à partir de cette condamnation spéciale de longue durée, entraînerait l'internement colonial pendant *vingt ans* et une troisième condamnation l'internement *à perpétuité*. — De plus tout condamné à une peine de courte durée, c'est-à-dire à moins d'un an d'emprisonnement, subie sous le régime de la séparation complète, d'après la législation actuelle, tout condamné, dis-je, à une peine d'emprisonnement cellulaire de ce genre, pourrait dès la première condamnation opter entre cette peine, et celle de l'internement colonial, avec *un an* de séjour préalable dans l'une des fermes-écoles spéciales dont nous parlons. Ce serait en réalité donner au condamné le droit de choisir entre une peine *effec-*

[1] Voir notamment les articles 56, 57 et 68 du C. p. ainsi complétés.

live d'emprisonnement et la *colonisation forcée*. Il est fort possible que certains détenus de cette catégorie opteraient pour l'internement colonial, et ces colons *forcés*, relativement *volontaires*, pourraient, très certainement, à la suite d'une première condamnation, être plus facilement moralisés, que s'ils avaient dû commettre plusieurs récidives avant de pouvoir aller coloniser, ou, comme disent les détenus, *passer à la Nouvelle* (la Nouvelle-Calédonie), cette terre promise des coquins, sur le chemin de laquelle il serait si utile de créer des colonies pénitentiaires de degré inférieur, correspondant en quelque sorte aux diverses étapes du crime, et qui par un système de répression véritablement moralisateur, permettraient à plus d'un coupable de s'arrêter en route, pour le plus grand profit de la société elle-même, qui économiserait réellement ainsi des frais de transport et de journées pénitentiaires.

Inversement, tout condamné à une peine de longue durée pourrait toujours opter entre la peine du travail forcé exécuté en commun, et l'emprisonnement cellulaire proprement dit, sous le bénéfice d'une réduction d'*un quart* dans la durée de la peine, ainsi que cela existe déjà dans notre législation; mais le condamné serait toujours soumis à la période d'internement colonial, avec concession de terre aux mêmes conditions que les autres détenus, internement colonial dont il serait encore toutefois dispensé de droit, si renonçant au bénéfice du quart de réduction de la peine, il la subissait intégralement sous forme d'emprisonnement cellulaire : ce serait justice; car la durée de la peine principale devant être toujours réduite au moins du quart par suite de la peine *accessoire* de l'internement colonial, qui serait dans tous les cas applicable, le condamné, en subissant un emprisonnement cellulaire de même durée que la peine principale, ne serait pas soumis à un emprisonnement plus long qu'avec le système de pénalité actuel.

Spécialement en ce qui concerne la concession de terre donnée au condamné libéré à la suite d'une première condamnation, il importe de remarquer, que tout condamné à une peine de longue durée, devant subir sa peine dans un centre colonial d'autant plus éloigné de la mère-patrie que le degré de la condamnation est plus élevé, puis être interné dans la même colonie pour un temps toujours assez long, il en résulte que toute récidive, qui exigerait l'application d'une peine d'un degré plus élevé que les condamnations précédentes, et par suite la transportation dans un autre centre colonial, entraînerait de plein droit l'obtention, dans ce nouveau lieu d'internement, d'une autre cession en échange de celle primitivement délivrée au récidiviste, laquelle, après expertise contradictoire entre l'État et les ayant-droit du condamné, *pourrait* être vendue d'office à partir du jour de la nouvelle condamnation. L'intérêt du prix de vente serait versé à la *masse* du condamné, et courrait du jour de la vente jusqu'au jour de la délivrance de la concession nouvelle, qui serait donnée au récidiviste à sa libération en *échange* de celle qu'il possédait primitivement, la valeur de la nouvelle concession devant être la même que celle indiquée pour la précédente par l'expertise contradictoire. Toutefois si la famille du récidiviste, sa femme et ses enfants par exemple, pouvaient assurer la *bonne exploitation* de la première concession, et demandaient à la continuer, l'État pourrait surseoir à la vente, jusqu'à ce que le condamné ait obtenu à la fin de sa peine l'autre concession dans son nouveau centre d'internement colonial. — Dans le cas où la condamnation nouvelle serait d'un degré inférieur à celui de la peine déjà encourue ou au plus du même degré, la condamnation dans ce cas n'entraînant pas l'envoi du récidiviste dans un centre d'internement plus éloigné de la mère-patrie, l'État lui laisserait sa concession, en se réservant toutefois la faculté de l'affermer d'office, pendant la durée des nouvelles condamnations pouvant être encourues, si l'exploitation par les ayant-droit du concessionnaire devenait insuffisante, le prix de fermage, comme dans le cas précédent, les intérêts du prix de vente, devant être employé par préférence en secours à la famille du récidiviste proportionnellement aux obligations légales du détenu à cet égard.

Dans le système que nous proposons, la condamnation comprendrait donc toujours l'obligation pour le condamné libéré de résider pendant un certain temps dans une colonie d'autant plus éloignée de la mère-patrie que la peine serait plus forte, et en tout cas *le temps de mise en surveillance de haute police ne pourrait être subi par les condamnés libérés que sur le territoire colonial,* et dans les conditions d'internement, que nous venons d'indiquer. Il est permis de penser que ce serait le plus sûr moyen de diminuer le nombre des récidives. Nous avons vu en effet que, si le condamné libéré revient sur l'ancien territoire, dans un milieu toujours plus ou moins analogue à celui où il a commis l'acte punissable, cause de la condamnation, il sera plus exposé, toutes choses égales d'ailleurs, à retomber dans l'état vicieux dont il a eu tant de peine à sortir. Pour que sa régénération morale soit durable, il faut autant que possible que rien ne lui rappelle le milieu où il a quitté violemment la voie à lui imposée par la loi naturelle et la loi écrite. — On n'obtiendra jamais mieux ce résultat qu'en le *dépaysant* le plus possible. — En conséquence, les condamnés originaires d'une colonie, devraient même subir leur peine principale, et ensuite l'internement colonial sur le territoire d'une colonie autre que celle, où ils ont commis le premier acte punissable. — En principe, les pénitenciers coloniaux de l'ancien territoire seraient créés en Algérie pour les peines inférieures à celle du bagne. Ils seraient de préférence établis dans la zône militaire, c'est-à-dire la moins colonisée encore. — Isolés au milieu de populations arabes relativement hostiles, et *intéressés à la garde du pénitencier* par une prime suffisante, allouée à quiconque ramènerait un prisonnier évadé, les pénitenciers seraient, en fait, mieux gardés, et à moins de frais que dans un centre colonial habité par des Européens. — Enfin, au point de vue stratégique, ces pénitenciers nécessairement un peu fortifiés pourraient servir sur la frontière coloniale à la manière de forts détachés, et comme soutiens dans le cas d'une action militaire quelconque. Chaque pénitencier serait relié télégraphiquement par fils et appareils optiques aux pénitenciers ou forts les plus voisins, de telle sorte que deux postes de secours au moins puissent être prévenus, en cas de révolte des condamnés, attaques des tribus dissidentes, etc. De cette manière les Arabes feraient la garde du pénitencier et inversement les pénitenciers serviraient à garder les Arabes.

Au point de vue économique il y aurait avantage à suivre la méthode appliquée avec succès en Angleterre, pour l'agrandissement de la *prison modèle* de Pentonville, par exemple, en 1856 et 1870, et de faire construire nos pénitenciers coloniaux autant que possible par les détenus eux-mêmes, qui seraient embrigadés en compagnies de discipline à la manière des condamnés militaires, et camperaient sous la tente ou dans des baraquements sur le lieu même où les travaux seraient exécutés par eux. —La garde du camp pénitentiaire devrait être de préférence donnée à des troupes indigènes, qui par leur connaissance spéciale du pays, et même une certaine antipathie de race, pourraient exercer sur les condamnés une surveillance d'autant plus effective. Au surplus, le travail serait organisé entre les condamnés de façon à leur permettre le plus souvent de se suffire à eux-mêmes. La construction, l'entretien des pénitenciers coloniaux et le travail industriel spécial dans chaque fabrique pénitentiaire devront donc être toujours exécutés en principe par les condamnés seuls. Enfin *la ferme-école* d'apprentissage, annexée à chaque pénitencier, devrait fournir autant que possible les produits nécessaires à l'alimentation des détenus, tels que blés, viande, légumes... ainsi que le service intérieur, manutention, cuisine, etc. On pourrait trouver encore avantage, *et en définitive économie*, à faire exécuter aux colonies les grands travaux de terrassement, constructions de routes, de canaux, etc., par les détenus, comme cela est déjà appliqué en Algérie pour les compagnies de discipline, et à la Nouvelle-Calédonie pour les forçats. — Les résultats si remarquables obtenus en Angleterre, tels que la construction de la digue gigantesque de Portland, pourraient décider l'État à s'engager résolument dans cette voie, qui lui permettrait d'arriver plus vite, et surtout plus économiquement, à la réalisation de certains grands travaux publics, qu'il hésiterait peut-être même à entreprendre, s'il lui fallait les exécuter entièrement à l'aide de l'industrie privée [1].

[1] Des chantiers de travail pourraient être dans ce cas ouverts par exception sur le territoire de la mère-patrie, notamment pour l'exécution du grand canal maritime du Languedoc et des travaux de déviation du Rhône, le percement des tunnels de chemins de fer, etc. — Les condamnés à la réclusion et à l'emprisonnement simple de longue durée, pourraient être utilement employés à ces travaux.

On arriverait ainsi, comme dans les grands pénitenciers d'Angleterre, à faire produire au condamné une quantité de travail d'une valeur au moins égale à ce qu'il peut coûter lui-même à l'État, et il en résulterait que le service pénitentiaire, au lieu d'être une charge pour le budget, deviendrait même une source de revenus, comme cela a déjà lieu notamment pour les pénitenciers de Portsmouth, Portland et Chatham qui dès 1871, *tous frais payés*, avaient rapporté à l'État 443,000,000 fr. [1].

Sans vouloir faire du travail des condamnés une source de revenus pour la société, il semble donc qu'il serait au moins possible d'arriver à ce que les détenus ne fussent plus une charge pour elle, en leur faisant produire par leur travail autant que leur entretien coûte à l'État : on exigerait, d'eux ce que la société impose du reste à tout travailleur libre, l'obligation de se suffire à lui-même, lorsqu'il peut travailler, et qu'il a du travail ; au surplus le condamné serait encore à certains points de vue dans une situation meilleure que l'ouvrier libre, puisqu'il aurait toujours, quoi qu'il arrive, *son pain assuré*.

Enfin, en ce qui concerne l'intérêt personnel du condamné, il est très certain que, dans un système pénitentiaire de cette nature, le coupable, après avoir expié suffisamment sa faute, sera à la libération plus moralisé intellectuellement et physiquement, qu'il ne pourrait l'être par un système quelconque d'emprisonnement proprement dit, lequel tue trop souvent le corps après avoir énervé et presque toujours dépravé l'intelligence [2].

---

[1] Voir le très judicieux et très savant *Examen du système pénitentiaire en Angleterre*, par A. Ribot.

[2] Mais, dira-t-on, pourquoi aller construire des pénitenciers aux colonies, quand on a des prisons toutes faites sur le territoire de la mère-patrie, et à quoi serviront alors les vastes bâtiments occupés par les détenus des maisons centrales ? Ces constructions ne tombent pas en ruine, et leur désaffectation constituera une perte sèche pour le service pénitentiaire.

D'abord les mêmes objections pouvaient être faites avec non moins de raison, lorsque l'on décida le remplacement des bagnes, existant sur le territoire de la mère-patrie, par des établissements pénitentiaires coloniaux. Doit-on regretter aujourd'hui que l'on ne se soit pas arrêté à ces objections, lorsque l'on constate notamment les essais de colonisation réalisés déjà avec succès en Nouvelle-Calédonie, grâce au nouveau système de pénalité adopté pour les galériens, *et bien que les éléments de colonisation employés*

Dans l'intérêt personnel du condamné et pour éviter la contagion du vice, nous avons vu qu'il y aurait tout avantage à faire
un classement entre les détenus d'une même catégorie, et à les
répartir par quartier d'après leurs notes de travail et de conduite
générale, comme en Angleterre, ou tout au moins d'après leur
situation légale, ce que prescrit du reste pour les prisons départementales une circulaire du ministre de l'Intérieur, en date du
17 août 1853. — Il conviendrait en tout cas de ne faire travailler,
et vivre en commun, que des individus condamnés à une même
nature de peine, conformément aux distinctions édictées par la loi.

Or notre système pénitentiaire actuel, loin de tendre à atténuer
les inconvénients de la gradation pénale, véritablement à rebours,
créée *en fait* et bien involontairement par le législateur, a jus-

soient les plus défectueux de tous, sans parler de l'élimination, pour le territoire de la mère-patrie, des récidivistes les plus dangereux, grâce à l'internement colonial perpétuel, imposé à tous les forçats condamnés à plus de
huit ans de bagne.

Mais sans nous arrêter même à cette dernière considération, serait-il bien
difficile de trouver un *emploi meilleur* de ces vastes maisons pénitentiaires, à
une époque qui voit se réaliser tant de fondations nouvelles, et en de-
hors du service des prisons, ne serait-il pas possible d'en faire au moins des
casernes, au besoin même des lycées de garçons ou de filles, des écoles normales, ou mieux encore leur donner une affectation charitable, y fonder
des asiles pour la vieillesse, et *tous les invalides du travail,* ainsi que la
ville de Paris en fait construire en ce moment à Villejuif; ne pourrait-on
pas *y créer enfin des maisons de refuge pour les 23,000 aveugles environ
qui restent encore sans secours,* sur les 30,000 malheureux en moyenne, qui
sont atteints de cette infirmité en France, si l'on s'en rapporte aux données
de statistique les plus récentes? Les *dépenses d'appropriation à l'un quel
conque de ces services charitables ne coûterait certainement pas plus
que la transformation forcée des maisons pénitentiaires en prisons cellulaires*
(les lois pénales actuelles rendant obligatoire en principe le régime de la
séparation complète), et l'on doterait ainsi à peu de frais la France d'établissements hospitaliers indispensables, si l'on veut que tous les habitants
profitent également des bienfaits de l'assistance publique, et que les malheureux de certaines villes ne soient pas en fait des privilégiés par rapport à
tous les autres.

Que l'exemple des grandes municipalités, Paris, Bruxelles, Londres, New-
York, etc., soit à cet égard non pas distancé, mais seulement suivi par les
principales villes de France, *dans les grands centres industriels surtout,* et
la question du paupérisme sera bien simplifiée.

qu'à présent dans l'application malheureusement exagéré, et comme complété en quelque sorte ce classement défectueux des divers moyens de repression.

En effet, sans parler d'au moins 130 prisons départementales, dans lesquelles la séparation entre les *prévenus* et les *condamnés* n'est pas encore observée, contrairement aux prescriptions de la circulaire susvisée du 17 août 1853, pour les prisons affectées *aux peines de longue durée*, des mesures administratives ont, dans la pratique, fait disparaître cette gradation entre certains moyens de répression, soigneusement édictée par le Code, et dont les tribunaux tiennent compte nécessairement dans l'évaluation de la peine, tant que la loi ne sera pas modifiée. Il résulte en effet du mode d'exécution, qu'un homme condamné à 5 ans d'emprisonnement simple, se trouve *en fait* subir la même peine, que s'il était condamné à 5 ans de réclusion, et pour les femmes, une malheureuse condamnée à 5 ans de prison est aussi punie, que si elle avait été condamnée non seulement à 5 ans de réclusion, mais *même à 5 ans de travaux forcés*, car les détenus de ces diverses catégories font en commun le même travail dans chaque maison centrale, et sauf de très légères différences se trouvent *en fait* traitées de même, contrairement aux prescriptions formelles de la loi.

On peut répondre que l'on tend ainsi à l'*unification de la peine*, quant à la *nature* de la répression. Cela est vrai, mais encore ne faudrait-il pas le faire aux dépens des moins coupables, auxquelles on impose l'humiliation et surtout la *démoralisation forcée*, résultant pour eux de la vie en commun avec les plus criminels ; tous les détenus en effet tendent plus ou moins à se mettre au niveau du plus corrompu, qui devient réellement comme un agent instructeur pour cette armée du crime, dont nos prisons ont été malheureusement jusqu'ici les véritables bureaux de recrutement. Il est donc très certain que *pour une même durée de la peine* et toutes choses égales d'ailleurs, le condamné à la prison simple se trouve frappé aussi sévèrement qu'un condamné à la réclusion, ou même aux travaux forcés, toujours présumé cependant plus coupable que lui. Il en résulte, qu'au moment de commettre l'acte punissable, non-seulement le criminel est moins retenu par la juste crainte d'une répression plus grande, si le crime commis est plus grand, mais il est même poussé par la loi elle-même tout au moins par la manière dont elle est appliquée, à s'abandonner plus facilement à ses mauvais instincts, à satisfaire davantage son désir de vengeance, sa cupidité, etc..., se disant qu'il aurait bien tort de se gêner, puisqu'il ne doit pas être beaucoup plus puni dans tous les cas.

C'est toujours ce fait étrange d'une propagande malsaine et d'un encouragement au crime, créés involontairement par la loi, et aggravés, complétés en quelque sorte dans la pratique par la manière même dont la peine est appliquée. Pourquoi ne pas faire pour tous les détenus ce qui a été prescrit en 1873, pour les condamnés politiques, soumis à la détention, lesquels, au lieu d'être répartis dans des quartiers spéciaux de plusieurs maisons centrales, doivent être à l'avenir dirigés sur les maisons pénitentiaires de Thouars et de Belle-Isle, *exclusivement* destinées à ce service.

Il suffirait pour arriver à une gradation plus effective de la peine, et *réaliser au surplus les prescriptions formelles de la loi*, en attendant les réformes peut-être nécessaires que nous vous proposons, il suffirait d'affecter chaque maison centrale à une seule catégorie de condamnés ; ce qui n'empêcherait pas de faire exécuter les travaux industriels aussi en grand, et par un personnel aussi nombreux qu'avec le système actuel, puisqu'on emploierait toujours le même nombre de détenus ; et ce qui permettrait d'éviter les graves inconvénients, que nous venons de signaler, chaque maison centrale ne contenant que des condamnés à l'emprisonnement simple, à la réclusion, ou même, pour les femmes, aux travaux forcés.

Par voie réglementaire, et sans changer dans la plupart des cas le nombre de maisons centrales affectées aux divers ressorts judiciaires, il serait facile de réaliser cette réforme, en attendant que l'on envoyât aux colonies les condamnés à moins de trois ans d'emprisonnement simple dans des pénitenciers agricoles, les condamnés à la réclusion dans des fabriques pénitentiaires où s'exécuteraient les travaux des établissements industriels les moins dangereux de la première classe, et enfin les condamnés aux travaux forcés dans les établissements les plus dangereux et les plus insalubres de la même classe [1]. Enfin, pour assurer la colonisation féminine, très insuffisante à Cayenne et à la Nouvelle-Calédonie, il conviendrait d'interner dans ces colonies, à l'expiration de la peine principale, toutes les femmes condamnées à plus de huit ans de travaux forcés, comme cela a lieu déjà pour les hommes.

Le système cellulaire, il est vrai, séparant tous les détenus les uns des autres, rendrait inutile cette répartition des condamnés d'après leur situation légale, mais est-il sage d'appliquer ce mode d'emprisonnement aux peines de longue durée les moins graves, alors que la peine des travaux forcés étant incomparablement plus douce, on arrive à créer plus encore, que par tout autre système de répression, cette prime légale, à l'aggravation du crime, que dans l'intérêt même de la sécurité publique, il importe de détruire à tout prix. — Que le condamné, qui en fait la demande, ait, *à chaque degré de la répression*, le moyen de subir sa peine sous le régime de la séparation complète, c'est là une excellente mesure qu'il convient d'appliquer toujours ; mais pour la plupart des coupables, dans l'intérêt même de leur moralisation, il est nécessaire de poursuivre l'*unification* des peines sous une autre forme que le régime cellulaire *absolu ;* ce mode d'emprisonnement, qui, loin de régénérer physiquement et moralement le condamné, épuise ses forces plus vite même que les autres moyens de répression, rend d'autre part le travail forcé presqu'impraticable ou en restreint, dans tous les cas, l'application aux travaux *en chambre,* pour lesquels précisément il conviendrait le moins de créer une concurrence aux ouvriers libres, à cause des avantages qu'ils présentent pour le travailleur qui peut les exécuter isolément *dans sa famille,* et sans la nécessité d'un capital ou d'un appel au crédit considérable.

Mentionnons enfin une opinion d'après laquelle il ne faudrait

[1] Les tables de mortalité prouvant que le régime de la prison, surtout pour les détenus de moins de 20 ans, est encore plus nuisible aux femmes qu'aux hommes, les réformes pénitentiaires que nous vous proposons devraient être appliquées également aux deux sexes, sauf quelques différences nécessaires, notamment en ce qui concerne la *nature* du travail forcé.

pas se préoccuper de l'accroissement des récidives, et qu'il conviendrait plutôt de s'en féliciter, lorsque l'on constate en même temps, comme cela se produit en France, que le nombre des cas de culpabilité reste sensiblement stationnaire.

Cela prouve en effet que la contagion du vice se circonscrirait à un plus petit nombre de coupables, mais en revanche ce que l'armée des gens hors la loi sociale n'aurait pas dans ce cas gagné en *quantité*, elle semblerait du moins l'avoir obtenu en *qualité*, et ces récidivistes, ces vétérans du crime *de plus en plus nombreux*, la rendraient plus dangereuse que jamais.

En tous cas on doit encore tirer de cette observation même une conclusion entièrement défavorable à notre système pénitentiaire actuel, car s'il en résulte que la moralité publique semblerait être en progrès, par contre la moralisation des condamnés décroit sans cesse. Or il parait bien démontré que l'on doit attribuer, en dernière analyse, cette augmentation des récidives, cette démoralisation croissante des détenus aux anomalies de notre système de répression, créant en quelque sorte, de par la loi, ou plutôt par la manière dont elle est appliquée, comme un encouragement à l'aggravation du crime *à tous les degrés de l'échelle pénale.*

Il y a là un fait bien autrement grave que bon nombre de questions plus superficielles, qui nou1 passionnent cependant davantage ; et, si l'on ne tient pas à s'imposer dans l'avenir des répressions difficiles, il est permis de penser qu'il serait temps pour le législateur d'étudier enfin la question dans son ensemble, et de la résoudre, s'il ne veut pas qu'elle soit un jour peut-être résolue contre lui.

§ 2. — DISPOSITIONS SPÉCIALES AUX JEUNES DÉTENUS.

Nous avons vu, par les données de la statistique, que pendant la période de développement jusqu'à 20 ans en moyenne, l'action de la prison pour les jeunes détenus est plus pernicieuse que pour l'homme adulte et surtout pour le vieillard.

Les jeunes détenus de moins de 16 ans, quelle que soit la durée de la peine à laquelle ils seraient condamnés, ne devraient donc être toujours envoyés que dans des pénitenciers *agricoles* spé-- ciaux, ayant une organisation analogue à celle du pénitencier de Mettray et autres pénitenciers agricoles déjà fondés en France, et dont la population se composerait exclusivement de condamnés âgés de moins de 16 ans.

Pour les condamnés ayant de 16 à 20 ans, il conviendrait encore, que la peine fût subie dans un pénitencier agricole jusqu'à l'âge de 20 ans révolus, et seulement pour les années suivantes dans les pénitenciers ordinaires, correspondant à la gravité de la peine. La population de ces pénitenciers agricoles serait formée des condamnée de 16 à 20 ans, et des condamnés de moins de 16 ans, qui auraient dû quitter à 16 ans révolus le pénitencier agricole d'enfants, où ils auraient été tout d'abord détenus, pour entrer dans un pénitencier de mineurs âgés de 16 à 20 ans, sauf à passer ensuite à leur majorité dans un pénitencier d'adultes, selon la gravité de la peine encourue par eux. — D'autre part pour les mineurs n'ayant pas 16 ans révolus le temps de détention cellulaire préalable ne pourrait être de plus d'un mois, et, pour les condamnés de 16 à 20 ans elle ne devrait jamais dépasser trois mois. Cette épreuve cellulaire de courte durée serait toujours subie dans un quartier spécial du pénitencier agricole. On éviterait ainsi à la fin de cette épreuve un déplacement, qui par les distractions résultant du changement de milieu, serait de nature à faire oublier au condamné une partie des idées honnêtes, qui auraient pu germer dans son esprit pendant la période d'isolement, mais qui n'auraient pas eu le temps de fixer assez sa pensée pour déterminer chez lui une habitude d'idée durable, un état intellectuel permanent. Enfin dans les pénitenciers exclusivement consacrés aux jeunes détenus, on observerait, comme dans tous les autres pénitenciers, la séparation complète pour tout le temps où ne s'exécute pas le travail matériel forcé, et le travail en classe pour les études intellectuelles. — L'enseignement comprendrait au moins l'instruction primaire, qui serait particulièrement obligatoire pour ces jeunes gens, et qui leur serait donnée, comme pour tous les autres condamnés, par des instituteurs spéciaux sortant de l'école normale pénitentiaire, dont la création serait si nécessaire. Ces pénitenciers agricoles devraient être

plus encore que les autres, une véritable *école de colonisation;*
aussi l'enseignement intellectuel donné aux jeunes détenus serait-
il particulièrement dirigé dans ce sens. A l'expiration de la peine,
les condamnés libérés encore mineurs, ne pouvant à cause de leur
jeune âge exploiter librement une concession de terre, seraient
placés dans des fermes-écoles spéciales, où ils termineraient en
quelque sorte leur instruction d'agriculteurs coloniaux, commen-
cée au pénitencier. Dans le cas où la peine accessoire d'internement prendrait fin avant leur majorité, ils devraient encore rester
jusqu'à cette époque dans la ferme-école, pour avoir droit à une
concession qui, leur temps de service militaire terminé, s'il y a
lieu leur serait délivrée autant que possible dans le voisinage de la
ferme-école. De cette façon une surveillance et des conseils utiles
pourraient encore leur être ménagés à leurs débuts et suppléer dans
une certaine mesure à leur inexpérience. Ces divers établissements
seraient, comme les pénitenciers d'adultes, fondés de préférence
en Algérie dans des situations topographiques les plus favorables,
et autant que possible dans les conditions climatériques analogues au climat moyen de la France, afin de supprimer en quelque sorte pour les jeunes condamnés la période d'acclimatation
non pas seulement à la peine, mais au milieu où elle serait
subie. C'est par suite dans la partie montagneuse de l'Algérie,
que ces pénitenciers seraient créés le plus utilement. Du reste
pour les enfants, qui auraient quelque vice du sang, des scrofules ou une prédisposition à la phthisie pulmonaire [1], il y aurait
tout avantage à vivre dans un pays plus chaud que celui où ils
sont nés.

§ 3. — CONDAMNÉS INCOMPLÈTEMENT RESPONSABLES.

Il est enfin une catégorie de criminels que ne semble pas prévoir
suffisamment notre législation pénitentiaire, ce sont les *aliénés
responsables,* c'est-à-dire ces criminels, qui n'étant pas assez *fous*
ou *déments* pour que toute poursuite à fin pénale doive cesser
contre eux de plein droit, ont éprouvé toutefois avant, pendant

[1] Un grand nombre des pauvres enfants des villes sont notamment dans
ce cas.

ou depuis le crime des désordres cérébraux, qui prouvent qu'au moment où ils ont commis l'acte punissable, ils n'étaient pas entièrement responsables. — Si la Cour d'assises les reconnait coupables absolument, elle est trop sévère, si elle les acquitte, elle est trop indulgente; or, elle acquitte le plus souvent ces criminels, le Code pénal ne prévoyant pas un mode de pénalité équitablement applicable à ces cas de plus en plus nombreux depuis une cinquantaine d'années, par suite du développement excessif des maladies du système cérébro-spinal, conséquences de certaines affections syphilitiques, de l'alcoolisme, de l'*abus du tabac*, etc. [1] — Il ne faut pas perdre de vue qu'un système de répression est incomplet, tant qu'il ne fournit pas le moyen de proportionner *dans tous les cas* la répression au degré de responsabilité du coupable, en le mettant toujours au surplus dans l'impossibilité de commettre de nouveaux crimes, jusqu'à ce qu'il puisse, sans danger pour la société, être rendu à la liberté. Si le criminel est entièrement responsable, on le punit simplement, en cherchant à le moraliser de façon qu'à l'expiration de sa peine, il puisse rentrer librement dans la société de ses semblables sans danger pour personne [2]. S'il n'est responsable qu'incomplètement, on le prive toujours de sa liberté, dont il abuserait *en fait* au moins autant que le criminel responsable; mais on remplace, en proportion de son irresponsabilité même, la peine principale du *travail forcé*, constituant la véritable expiation du crime, par ce qu'on pourrait appeler des *soins forcés*, nécessaires pour que l'aliéné responsable cesse autant que possible d'être dangereux, lorsqu'il aura subi la peine *amoindrie*, encourue cependant par sa responsabilité partielle. On ne se contente plus comme dans le cas du criminel entièrement responsable de donner par une instruction moralisatrice une direction normale et utile aux forces de son intelligence; tout d'abord et avant tout, on retrempe, on fait renaître autant que possible ses facultés intellectuelles exaltées ou affaiblies par l'état morbide de son organisme, on répare en lui l'instru-

---

[1] Voir Legrand du Saule : *La folie devant les tribunaux* (1864) et *Étude médico-légale sur la paralysie générale* (1866).

[2] Le nombre toujours croissant des récidives prouve qu'on y réussit rarement avec le système de répression actuellement en vigueur.

ment de la pensée, avant de lui apprendre à s'en servir dans les conditions normales du fonctionnement de son être.

Les pénitenciers spéciaux, réservés à cette catégorie de criminels, seraient de véritables maisons de santé, où la peine subie deviendrait le fait accessoire, et toujours subordonné aux nécessités du traitement, qu'exigerait l'état mental du détenu.

Aussi, la direction de ces sortes de pénitenciers serait-elle entièrement confiée à des médecins aliénistes, ayant sous leurs ordres un personnel de gardiens infirmiers, ainsi que des instituteurs chargés tout spécialement de ce travail de régénération intellectuelle, dont nous avons parlé, et qui suppose, pour être utilement fait, certaines connaissances du mécanisme cérébral et de ses perturbations, ainsi que des meilleurs modes de traitement pour les guérir en ce qui concerne surtout la partie *morale* du traitement. Nous ne saurions trop insister à ce propos sur la direction spéciale, qui devra être donnée à l'enseignement professionnel pédagogique, que recevront les instituteurs pénitentiaires dans l'école préparatoire, dont nous demandons la création, leurs futurs élèves, les criminels, étant fort souvent doublés d'un *fou* ou d'un *dément*, ou tout au moins soumis à des habitudes d'idées vicieuses, à une sorte d'ankilose intellectuelle assez complète pour que leur raison ait pu être égarée ou affaiblie, au point de leur laisser commettre un acte *évidemment* contraire à l'instinct de justice, et à ce sentiment des lois *naturelles*, qui, à défaut d'une connaissance exacte de la *loi écrite*, existe toujours dans une intelligence humaine à l'état normal et véritablement en bonne santé. Du reste, les criminels atteints d'une affection cérébrale assez développée pour avoir pu être positivement constatée, mais cependant encore en partie responsables, devront toujours subir dans les pénitenciers spéciaux, où ils seront détenus, une peine proportionnée au degré de responsabilité reconnue en eux, le service médical, qui dirigerait les pénitenciers, restant toujours au surplus chargé de proportionner dans la pratique l'application de la peine du travail forcé à l'état mental et au degré de responsabilité relative de chaque condamné.

En ce qui concerne le régime pénitentiaire et la *nature* de la peine devant être appliqués à cette catégorie de détenus, on reconnaîtra tout d'abord que les maisons de santé spéciales, dont l'opinion réclame depuis longtemps la création en France, devront être moins encore, s'il est possible, que les autres pénitenciers, des *prisons* dans le sens strict du mot, ce genre de pénalité rendant par sa nature même fort souvent *fous* ou *déments* ceux qui ne l'étaient pas déjà avant d'y être soumis. Il semble que ces sortes de maisons de santé devront être en principe des pénitenciers agricoles sous toute réserve du régime de séparation plus ou moins complète, nécessitée par l'état mental des condamnés, mais toujours sous la condition expresse de la vie *au grand air et à la lumière libre*, autant que cela pourrait être permis à des malades du même genre non condamnés à une peine. En effet, le seul mode de répression pouvant être appliqué aux aliénés en partie responsables est évidemment la pénalité réservée aux moins coupables, c'est-à-dire le travail forcé le moins dangereux, le moins insalubre, le moins pénible; or il paraît démontré que les travaux agricoles au grand air présentent plus que tous les autres ces caractères, et constitueraient même par leur *nature* un moyen de traitement effectif ou point de vue médical pour la plupar des aliénés en question.

Au surplus les directeurs médicaux des pénitenciers auraient toujours la faculté de soumettre chaque détenu, à tout autre genre de travail forcé, qui semblerait par exception plus compatible avec les nécessités du traitement qu'exigerait son état mental.

§ 4. — ENFANTS ASSISTÉS.

En ce qui concerne les enfants moralement abandonnés, les enfants soustraits à l'autorité du chef de famille pour mauvais traitements, excitation à la débauche, etc, et spécialement les petits vagabonds, n'*ayant commis aucun acte punissable* [1], les

---

[1] On pourrait comprendre dans cette catégorie les enfants détenus correctionnellement sur la demande de leurs parents, lesquels seraient toutefois internés dans le quartier de discipline, et soumis par suite au régime pénitentiaire, c'est-à-dire à la séparation complète, sauf pendant le temps consacré aux travaux manuels et aux classes.

orphelins pauvres, les enfants trouvés, et en général les enfants assistés, tant de l'ancien territoire que des colonies, enfin tous ces pauvres petits êtres, auxquels on ne peut reprocher que la misère ou les fautes de leurs parents, il y aurait lieu pour l'État de créer un système *égal* et général d'éducation et d'instruction soit dans des *internats* coloniaux d'apprentissage, soit bien plutôt dans des fermes-écoles *coloniales*, véritables *écoles de colonisation*. Ceux de ces enfants, qui sont entièrement, ou même seulement en partie, à la charge de l'assistance publique, devraient, (sur des états de proposition dressés par les préfets des divers départements, et approuvés par le ministre de l'intérieur), être admis dans ces fermes-écoles spéciales, où ils resteraient jusqu'à leur majorité, remboursant en grande partie par la valeur de leur travail, dans les dernières années de leur séjour, les dépenses qu'auraient nécessité leur nourriture, leur entretien et leur instruction.

Lorsqu'ils auraient fait leur temps de service militaire, *ces pupilles de l'État* recevraient une concession de terre colo-n°ale, *révocable* en cas de mauvaise exploitation pendant les dix premières années, seule condition mise à la donation qui leur serait faite, et qui aurait pour but de faire prendre plus vite et plus résolument au sérieux par ces jeunes gens leur rôle d'agriculteurs coloniaux. Il est permis de penser, que dans cet élément nouveau de colonisation pourrait se recruter utilement la population de nos colonies, et de l'Algérie en particulier. Ces pauvres enfants sous une direction paternelle et intelligente,

Les enfants moralement abandonnés, les petits vagabonds notamment, seraient tout d'abord traités de même pendant une *période d'observation*, qui permettait d'apprécier exactement leur état moral, avant de les mêler indistinctement aux autres enfants assistés. Les enfants reconnus vicieux ou indisciplinés seraient maintenus dans le quartier de correction, ou même renvoyés, s'il était nécessaire, dans un pénitencier de jeunes détenus.

Le règlement pénitentiaire ne serait appliqué du reste que dans ce quartier spécial, dont le personnel formerait une escouade entièrement séparée des autres pensionnaires, même pendant le travail manuel et les classes, l'aménagement et le règlement général des dites fermes-écoles ou *internats* d'apprentissage restant le même que pour tous les *internats* analogues de l'enseignement public.

placés d'autre part dans les meilleures conditions de développement physique, deviendraient sans doute des agriculteurs excellents, et disposés à se fixer aux colonies *sans esprit de retour*, d'autant plus facilement qu'ils se seraient comme d'instinct attachés au sol, où ils auraient passé les premières années de leur jeunesse, et qui, *devenu leur vrai milieu de développement*, représenterait par suite à leurs yeux, plus que tout autre point du territoire, la patrie elle-même.

Si l'on étudie la question exclusivement au point de vue économique, on reconnaîtra que, par l'utilisation la meilleure donnée ainsi à leurs forces physiques, ces enfants devenus des hommes pourront arriver à produire la plus grande quantité de travail possible, devant indemniser en définitive la société de toutes les dépenses qu'elle se sera imposées pour assurer le plein développement ainsi que l'utilisation de leurs forces, et cela avec des chances de bénéfices plus certaines pour elle, que par tout autre mode d'apprentissage donné à ces enfants; car, lorsqu'ils seront en âge de travailler, retenus par leurs goûts et leurs intérêts de propriétaires sur le sol national, ils seront moins tentés, que dans toute autre profession, d'aller chercher fortune à l'étranger, et de priver ainsi du produit de leur travail la partie de la société, qui se sera imposé le soin coûteux d'en faire des hommes.

On ne saurait trop insister à cet égard; sans parler de la raison d'humanité, et en restant au point de vue économique seul, il est très certain que les capitaux dépensés par l'Etat pour réaliser cette modification au moins partielle du service des *enfants assistés*, et ce système de recrutement colonial, seraient de l'argent utilement dépensé, et placé même en définitive à un taux élevé. — Enfin si l'on envisage spécialement la question au point de vue des intérêts coloniaux, il ne faut pas oublier que pour fonder des colonies, et en assurer la garde et le développement, il ne ne suffit pas d'y maintenir à grands frais des soldats, il faut surtout y envoyer des colons, qui, par l'occupation *effective* et la culture du sol, peuvent *seuls* en réaliser définitivement la conquête.

En effet plus le nombre des colons augmentera, plus il sera facile aux nouveaux habitants de se défendre *seuls*, et presque sans efforts, comme par une sorte de tassement et d'équilibre social, contre l'élément indigène, qui, ne représentant plus la majorité de la population, perdra tout espoir légitime et tout moyen matériel de reconquérir la possession exclusive du sol, que, livré à ses seules ressources, il occupait du reste moins complétement et moins utilement par suite.

Tel est l'ensemble des réformes peut-être urgentes sur lesquelles nous croyons devoir appeler l'attention du législateur. — Il est permis de penser que l'on pourrait ainsi mieux et à *moins de frais* que par les divers systèmes adoptés jusqu'à présent en France, assurer la moralisation des condamnés pendant la durée de la peine, et à la libération leur ménager *toujours* le moyen de se suffire à eux-mêmes, et de reconquérir facilement et *légitimement* par le travail, une vraie liberté. Il est très probable que l'on diminuerait aussi dans une grande proportion le nombre toujours croissant des récidives, et l'on arriverait d'autre part à créer un actif élément de colonisation.

Puisse le législateur s'inspirant des progrès remarquables réalisés depuis assez longtemps déjà en *Angleterre*, en *Belgique*, en *Allemagne*, en *Suisse*, etc. [1], aborder enfin *dans leur ensemble* ces graves questions, et s'affranchissant en quelque sorte de toute idée préconçue, oubliant davantage cette tradition de l'*in pace* [2], qui par la puissance de l'habitude, nous n'osons dire de la

[1] Un sentiment d'émulation bien naturel doit s'emparer de nous en effet, lorsque nous constatons les graves et utiles innovations réalisées avec tant de succès, en ce qui concerne l'organisation et l'obligation du travail pénitentiaire, notamment en Angleterre (où le nombre des récidives diminue chaque année), et en Allemagne (dans la prison nouvelle *Strafgefängniss* par exemple), ainsi que les résultats fort remarquables obtenus en Belgique au point de vue de l'*instruction*, depuis longtemps obligatoire dans ce pays pour tous les prisonniers au-dessous d'un certain âge. — C'est bien en effet le travail, et surtout le travail intellectuel par l'instruction, qui constitue le moyen de moralisation par excellence. Qu'on ne s'y trompe pas : *chaque école qui s'ouvre ferme peut-être un cachot.* Aussi est-il grand temps, à l'exemple au moins des peuples voisins, d'organiser l'enseignement d'une manière effective dans nos maisons centrales et pénitentiaires, car ceux qui, *dans l'intérêt même de la sécurité publique*, auraient le plus besoin des bienfaits de l'instruction se trouvent être les seuls, qui en soient presqu'entièrement privés.

[2] C'est dans l'ancien droit criminel romain, exhumé en quelque sorte, et

routine, domine encore presque malgré nous bien des projets de réforme, assurer enfin la proportionnalité et une gradation *réelle* et équitable entre les divers degrés de la peine, au lieu d'une disproportion, qui dans l'état actuel de notre régime pénitentiaire, va s'accentuant de plus en plus, et constitue comme une véritable prime *légale* à l'aggravation des crimes.

remis en vigueur par les grands juristes du moyen-âge avec toutes ses conséquences les plus cruelles, la torture notamment, qu'il faut rechercher l'origine de *l'in pace,* qui depuis les *carceres, malæ mansiones et lapidicinæ* de l'ancienne Rome jusqu'à nos prisons actuelles, s'est transmis d'âge en âge, et se trouve être encore, à leur insu peut-être, pour les partisans du système cellulaire, *appliqué même aux peines de longue durée,* le triste idéal de tout système pénitentiaire.

Dès le XIVe siècle en effet, l'on trouve partout en France ces *carcères duri,* dont l'archevêque de Toulouse disait au roi Jean : *Qui huic pœnæ addicti sunt, semper pereunt desperati* (1350-1364). — Puisse le régime cellulaire, *appliqué d'une manière trop absolue aux peines de longue durée,* ne pas perpétuer dans une certaine mesure un système pénitentiaire, cependant condamné depuis longtemps par l'opinion publique. — Voir la très intéressante Étude historique et politique sur le régime pénitentiaire par B. Maurice.

TABLE DES MATIÈRES.

INDEX.

vail des établissements dangereux et insalubres, p. 19 et s. Voir Concurrence et Travail.

Instruction. — Obligatoire pour les condamnés; création d'une école normale d'instituteurs pénitentiaires, p. 27, note 1 et 47. — Nature de l'enseignement, système pédagogique spécial, p. 28 et note 1, 29 et note 1, 40.

Dispositions relatives aux jeunes détenus, p. 45; aux aliénés responsables, p. 47 et 48; aux enfants assistés, p. 49. — Voir Moralisation.

Internement colonial, p. 33 et *passim*.

Machines industrielles dans les pénitenciers, p. 22.

Maisons centrales et autres prisons, qui deviendraient inutiles par la diminution du personnel pénitentiaire résultant de la création des pénitenciers coloniaux. Leur désaffection pour emploi meilleur, p. 39 (note 1).

Moralisation des condamnés, p. 13 et s., 25, 27, 29, 37, 39 et voir Instruction et Récidive.

Mortalité comparée entre les diverses catégories des condamnés, p. 7 et suiv.

Nourriture. — Les produits nécessaires à l'alimentation de chaque pénitencier colonial sont en principe fournis par la ferme-école pénitentiaire annexée à chacun d'eux, p. 33. — Voir Économie.

Paupérisme, p. 20 et s., 39 (note 1, *in fine*), (Enfants assistés), p. 49 et suiv.

Peine. — Ses caractères indispensables : elle doit être *répressive, préventive, moralisatrice*, p. 14 et s., 18. — La gradation effective des peines est comme renversée par notre système pénitentiaire actuel, p. 6 et s., 40 et s. — *Nature* de la peine, p. 15 et s., 33 et s., 42 (note 1). (Aliénés responsables), p. 48. — *Unification* de la peine par le travail forcé, p. 14 et s., 26, 41; le régime pénitentiaire doit être sensiblement le même pour les deux sexes, sauf notamment en ce qui concerne la nature du travail forcé, p. 42 (note 1). — Voir Cellulaire (système) et Pénitencier.

Pénitencier, p. 15 et s. — Pénitencier agricole, p. 18, 19, 33 note 1 et 38, (jeunes détenus) p. 44, 55, (aliénés responsables) p. 48, (enfants assistés) p. 49 et s. — Réforme du règlement intérieur dans les pénitenciers, p. 23 et s. — Avantage des pénitenciers au point de vue économique, p. 37 et 38. — Leur utilisation au point de vue stratégique, en Algérie notamment, p. 37.

Récidive, p. 13 et s., 25, 26 (note 1). — Travail toujours assuré aux condamnés libérés, p. 30 (note 1), 31 (note 1), 32. — Internement colonial en cas de récidive, p. 33 et 34. — Récidive dans le cas des peines de moins de un an de durée; dispositions spéciales, p. 34. — Causes du nombre toujours croissant des récidives en France, p. 26 (note 1), 30 (note 1) et suiv., 43 et 44. — Décroissance du nombre des récidives en Angleterre, p. 52, note 1.

Réformes. — p. 14 et s.

Travail. — L'obligation du travail, au lieu de la simple privation de la

Paris, impr. F. PICHON. — A. COTILLON et Cie, 30, rue de l'Arbalète, et 25, rue Soufflot.

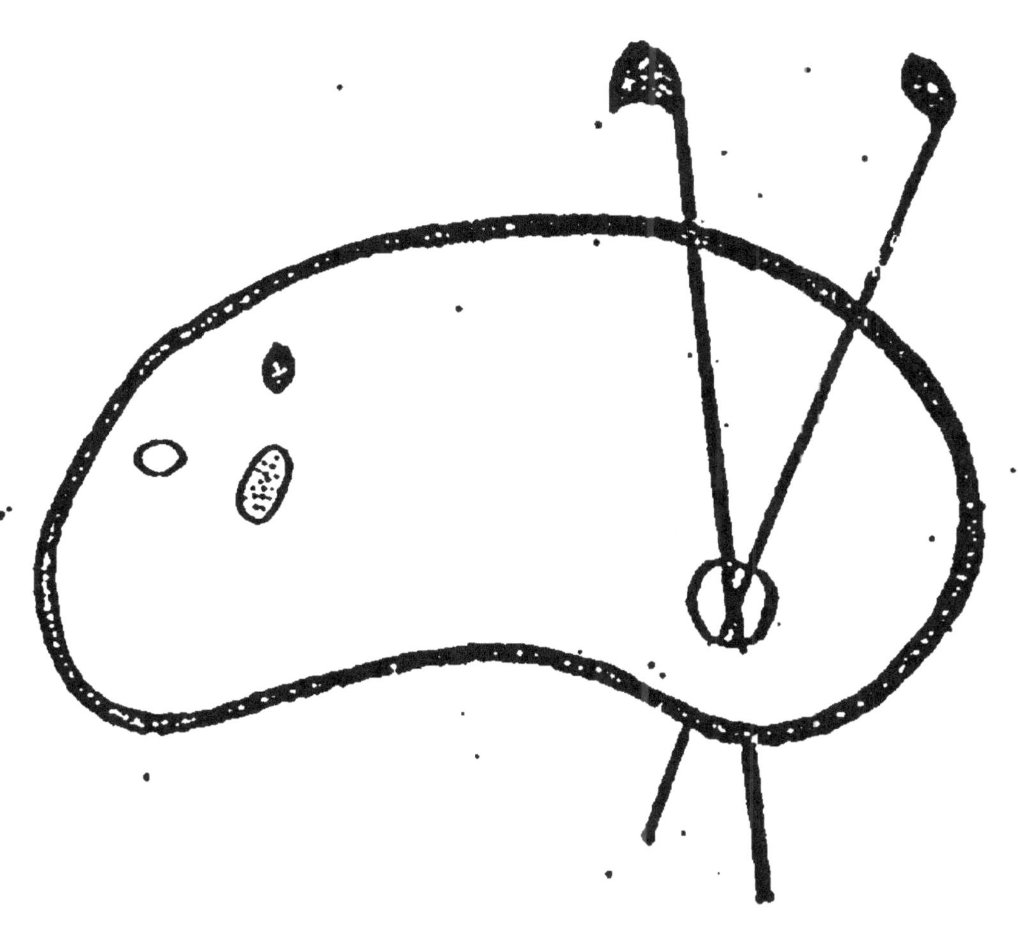

ORIGINAL EN COULEUR
NF Z 43-120-8